Pier Pietro Brunelli

AMORI DISTRUTTIVI E VAMPIRIZZANTI
COME DIFENDERSI E COME USCIRNE

Manuale di auto-aiuto
psicologico /corporeo/sociale/spirituale

Afinando

Omar Turcios

Pier Pietro Brunelli

Amori distruttivi e vampirizzanti.
Come difendersi e come uscirne.
Manuale di auto-aiuto psicologico/corporeo/sociale/spirituale

ISBN 978-1-326-61924-4

In copertina "La relazione amorosa" Giuliana Lisi

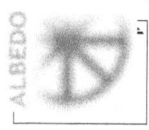

Edizione Albedo – Lulu (Milano, 2015)

Albedo Associazione Culurale
per l'immaginazione attiva

www.albedoimagination.com

Ringrazio tutte le persone – amici e colleghi terapeuti - che attraverso dialoghi appassionati hanno contribuito alla creazione di questo manuale. In particolare ringrazio quei miei pazienti che hanno avuto fiducia in un percorso terapeutico ed al quale hanno contribuito con sensibilità, coraggio e saggezza. Così ringrazio anche tutti coloro che con le loro testimonianze e riflessioni nei forum del blog Albedoimagination hanno partecipato sviluppando solidarietà e consapevolezza.

INDICE

Istruzioni e raccomandazioni per l'uso

Questo *Manuale* è concepito per dare un supporto di base a tutte le persone che soffrono a causa di relazioni amorose distruttive e 'vampirizzanti'. Esso indica un percorso interpretativo e di auto-aiuto rivolto innanzitutto a chi si trova a vivere o ha vissuto una dinamica erotico/affettiva traumatizzante. Quindi il linguaggio cerca di risultare informativo, emotivo e motivante ed in tal senso mira a rendere comprensibile le terminologie e le argomentazioni specialistiche impiegate. Nel contempo però questo *Manuale* si rivolge anche ai colleghi psicoterapeuti e a tutti coloro che attraverso la loro professione o per motivi affettivi si impegnano ad aiutare persone che sono colpite da severe forme di traumatizzazione amorosa.

In modo particolare vengono qui ripresi e rielaborati concetti diagnostici e linguaggi simbolico-terapeutici espressi nel blog di Albedoimagination con l'articolo: **"Bugiardi, Ipocriti, manipolatori affettivi. Saperne di più per potersi difendere"** [1].

Quindi al fine di realizzare un *Manuale* di approfondimento e di auto-aiuto, continuiamo ad occuparci delle dinamiche amorose disturbate, ove un partner sviluppa comportamenti ambigui nei confronti dell'altro, al punto di diventare abusante, manipolatorio e psicologicamente distruttivo.

Ovviamente in ogni relazione amorosa certe incomprensioni e certe negatività dipendono da entrambi i partner, ma vi sono casi in cui bisogna imputare ad uno dei due la responsabilità di una sua condotta disturbata e disturbante che danneggia in vari modi l'altro (e ciò a pre-

---

[1] L'articolo è accompagnato da un forum di riflessione e testimonianza al quale tutti possono partecipare (dal 2010 oltre 200.000 visite e circa 4000 commenti). Vedi anche di Pier Pietro Brunelli *Trauma da narcisismo nelle relazioni di coppia. Ipotesi per una nuova diagnosi*, Albedo/Lulu, 2011.

scindere dalle normali responsabilità che sempre si possono riscontrare nella coppia).

Per quanto qui non ci riferiamo specificamente a quei casi ove sussiste un'evidente dinamica disturbata da un partner con problemi relazionali di carattere erotico/affettivo – questo manuale offre riflessioni significative anche per quanto riguarda le 'normali' problematiche di coppia, imputabili a difficoltà e problemi di entrambi i partner.

D'altra parte, va subito osservato che quando un partner subisce una relazione disturbata ha a sua volta un qualche problema di attaccamento amoroso. Infatti nonostante si renda conto della negatività della relazione, non riesce a sottrarsi ad essa, fino al punto di dover subire una terribile destabilizzazione psicologica, con esiti talvolta gravissimi. Si parla molto di 'dipendenza affettiva', eppure quando c'è amore una dipendenza reciproca deve esserci, ed è normale. Ciò che non è normale e che va compreso è il perché ci si ostini a preservare un attaccamento disturbato verso persone disturbate affettivamente. Si potrà dire che questo è un destino dell'innamorato che sfortunatamente incontra una persona problematica, tuttavia bisogna ammettere che non si tratta solo di sfortuna, ma anche di una condizione interna inconscia che condiziona a lottare per mantenere il legame nonostante le sofferenze e la constatazione dei comportamenti assurdi, nocivi e negativi del partner. Tuttavia, è quest'ultimo che, con piena evidenza, innesca una malsana dipendenza in un partner predisposto, dal momento che si approfitta della relazione amorosa per sfruttarlo sul piano psicologico e/o sostanziale e, in definitiva, per utilizzarlo come oggetto di sfogo e di sostegno per le sue problematiche e per le sue ambizioni egoistiche. Stiamo parlando di personalità più o meno marcatamente borderline e narcisistiche, o con altre problematiche complessuali, le quali tessono dinamiche distruttive e traumatizzanti nella vita amorosa, con modalità di attaccamento estremamente ambivalente, di tipo opportunistico, manipolatorio e di sfruttamento. In tal senso abbiamo in diversi testi e occasioni di ricerca proposto la figura del vampiro come una 'metafora immaginale' per far comprendere - sim-

bolicamente ed emozionalmente - il senso della traumatizzazione a-
morosa derivante da stili di personalità con significativi disequilibri
della sfera erotico/affettiva.

Specifichiamo che la vampirizzazione amorosa non viene messa in
atto in modo sempre e solo consapevole e che essa non ha sempre e
solo la chiara intenzionalità di danneggiare un partner. Diciamo che il
vampiro amoroso è fondamentalmente una persona assai debole e
immatura sul piano erotico/affettivo, ma invece di acquisire coscienza
di ciò e di curarsi, ritiene più vantaggioso industriarsi in tutti i modi
per avere potere sul partner, e quindi per sfruttarlo psicologicamente e
materialmente. Quindi i pensieri ed i comportamenti ambigui e negativi del cosiddetto 'vampiro amoroso' a volte sono alquanto consapevoli, ma molto spesso sono pressoché istintivi, come fossero guidati
da una sorta di demone interiore del quale non è consapevole.

Ripetiamo che anche chi subisce la 'vampirizzazione amorosa' ha
una sua responsabilità psicologica che abbiamo altrove individuato in
riferimento alla 'ferita narcisistica' dovuta ad un complesso genitoriale
irrisolto (del quale è quasi sempre inconsapevole, almeno fino a quando non fa un'approfondita analisi). In buona sostanza si tratta di un
insufficiente o errato amore per se stessi, che finisce con
l'inconsapevole rendersi preda amorosa di personalità disturbate e disturbanti. In tal senso abbiamo parlato della figura del 'vampiro interiore' che induce – fin contro la propria ragionevole volontà - ad attaccarsi amorosamente ad un 'vampiro esteriore', dando quindi luogo
ad una dinamica amorosa vampirizzante.

Con ciò intendo chiarire innanzitutto che l'approccio diagnostico-
terapeutico che da tempo propongo non va a violare quel principio
guida della psicoterapia secondo il quale bisogna innanzitutto esaminare se stessi, piuttosto che l'altro o gli altri in termini unilaterali, giu-
dicanti e colpevolizzanti. Per risolvere una dinamica di coppia disturbata di tipo 'vampirizzante' è fondamentale conoscere se stessi e i
propri aspetti d'ombra, però va comunque ben evidenziata la responsabilità di chi per motivi egoistici, di potere e di comodo, ritenga di

potersi approfittare dell'amore dell'altro fino a violentarlo psicologi-camente nei sentimenti e nel suo progetto di vita (si veda una sintetica esposizione di casi esemplificativi nel Capitolo I). E' altresì vero che la metafora del vampiro viene prevalentemente gettata sul partner di-sturbante in modo accusatorio, ma d'altra parte essa per quanto sia miticamente infamante e colorita non è meno giudicante di un'etichetta psichiatrica, quale borderline o narcisista patologico. La metafora orripilante del vampiro serve per aiutare a 'reagire in modo emotivamente liberatorio' ("abreagire") una persona traumatizzata dai comportamenti di un partner manipolatore per un suo patologico o-biettivo di sfruttamento distruttivo. Inoltre la leggenda del vampiro esprime in modo immaginale e psicomitico quella relazione tenebrosa ed occulta per cui vi è una collusione fascinatrice che induce il vampi-rizzato a lasciarsi succhiare il collo. Dal nostro punto di vista il vampi-rizzato non è semplicemente una vittima, piuttosto è una persona condizionata da un suo 'vampiro interiore', ed il successo della terapia dipende al fine dalla capacità di individuare questo 'vampiro persona-le' e di liberarsene il più possibile, e con ciò ci si potrà liberare anche dall'altro…

Raccomandiamo come sempre di considerare che la figura del vampiro e quindi della vampirizzazione rappresenta soltanto una narrazione metaforica per simbo-leggiare aspetti problematici e traumatici della vita amorosa. Quindi non si ha in-tenzione alcuna di demonizzare persone e comportamenti, ma di comprenderli at-traverso uno sguardo narrativo legato alle leggende e al folklore della figura sedutti-va e oscura del vampiro (junghianamente riferibile all'archetipo dell'Ombra).

AVVERTENZA: IL MAL D'AMORE PUO' PORTARE AD ACCUSE E GIUDIZI SBAGLIATI

Come ben si sa, equivoci e incomprensioni della vita amorosa non possono essere considerati solo e sempre in termini psicopatologi. Le differenze e le incompatibilità di carattere, le trasformazioni personali, la natura stessa dell'amore, per molti aspetti misteriosa e contraddittoria, ci devono richiamare ad adoperare la lente della psicopatologia senza farne uso eccessivo ed omnipervasivo. L'amore si apre a questioni che possono e devono essere elaborate in una dimensione poetica, spirituale e di saggezza. Anche quando le questioni psicopatologiche sono evidenti è assolutamente sconsigliabile attribuire etichette o giudizi diagnostici a se stessi e agli altri, quando si è parte in causa e senza avvalersi del parere di un esperto. Bisogna accettare che le problematiche, le crisi o la fine di una relazione non dipendono sempre in linea di principio da una qualche negatività psicopatologica propria o del partner. La complessità dei sentimenti amorosi può generare divergenze e quindi sofferenze che, per quanto possano essere particolarmente dolorose, possono essere necessarie ad una crescita personale. Come l'esperienza conferma talvolta è bene rinunciare a portare avanti una relazione, piuttosto che a irrigidirsi nel mantenere a tutti i costi legami che sono disfunzionali e alla lunga mortificanti piuttosto che vivificanti.

Purtroppo non sempre entrambi i partner accettano nello stesso modo e nello stesso tempo di doversi lasciare per il bene di entrambi. E' normale che per un periodo si possa provare rabbia reciproca e accusarsi delle peggiori cose. Ciononostante non è detto che vi sia sempre un vero fondo di cattiveria e di vampirizzazione, per quanto questo pensiero possa insinuarsi nel giudicare il partner. Può anche capitare che un pensiero troppo accusatorio invece di attenuarsi e di decadere, si accanisca ossessivamente. Ci troviamo allora in una sfera ove il vittimismo patologico e la capacità di elaborare la fine di una relazione fanno proiettare sul partner sentimenti di odio paranoideo, che lo dipingono come un persecutore, un vampiro, un manipolatore. Dobbiamo quindi ben distinguere quando una relazione è diventata traumatizzante a causa di un partner effettivamente disturbato e disturbante nella sfera erotico/affettiva, e quando invece vi erano incompatibilità reciproche, le quali vengono poi percepite come colpa e cattiveria assolute di un partner etichettato erroneamente come: vampiro, narcisista patologico, borderline o quant'altro...

Inoltre dobbiamo considerare che anche in assenza di un vero e proprio disturbo di personalità ascrivibile ad una specifica etichetta diagnostica, vi sono persone la cui affettività è fortemente condizionata da complessi inconsci. Ciò può renderle particolarmente contraddittorie, ambivalenti e inaffidabili dal punto di vista erotico/affettivo, ed in tal senso, seppure in modo meno conclamato e distruttivo, possono risultare alquanto disturbanti in una relazione amorosa.

AUGURI PSICOPOETICI DI BUONA GUARIGIONE

Che non si muore per amore, è una gran bella verità... cantava una romantica canzone di Lucio Battisti; tuttavia si può veramente 'soffrire da morire', fino a far sentire di essere 'morti dentro', e a mettere realmente in gioco la propria vita a causa di reazioni dissennate e ad atti inconsulti, compiuti in una condizione di dolore acuto, o a causa del trascinarsi di una lancinante stato ansioso-depressivo, a carattere post traumatico e da stress. Ripetiamo dunque che bisogna lasciarsi aiutare ed aiutarsi con fiducia. Questa è la prima regola, non solo affinché possano superarsi le pene strazianti di una relazione disturbata, ma anche per trasformarla in una propria esperienza di vita e di crescita personale che può condurre ad un nuovo e più autentico modo di amare e di essere amati.

Quando tutto sembra perduto, quando il dolore diventa insopportabile e ci si sente di impazzire, di essere precipitati in un inferno dal quale non si uscirà mai più, bisogna ricordarsi che quello che si sta vivendo nella carne della propria anima sono le spine di rovi che potranno trasformarsi in rose... ma bisogna avere pazienza, curare quei rovi con sensibilità e apertura, cioè con le forze buone di un 'giardiniere' dell'amore e della ragione. Bisogna allora 'lavorare su se stessi',

7

ma anche farsi indicare da coloro che hanno saggezza e competenza gli strumenti, le conoscenze e le esperienze, da impiegarsi con fiducia e accuratezza. Bisogna ascoltare e mettere in pratica anche i consigli di persone che hanno vissuto e superato un'esperienza di sofferenza amorosa simile alla vostra, e che quindi possono ancor di più comprendervi e darvi un più empatico ed energetico sostegno psicologico ed umano.

Ricordatevi che per la cura dei traumi amorosi, per quanto sia importante conoscere le teorie scientifiche, non c'è niente che aiuti di più di qualcosa o qualcuno capace di aprire la vostra mente toccandovi il cuore. Perciò ogni cosa che commuova - una poesia, una canzone, un paesaggio, una carezza, una frase affettuosa o un fiore - è essenziale per trasformare il dolore in nuova voglia di vivere e amare. Così tutti possiamo aiutare chi soffre per una traumaticità amorosa, anche senza essere specialisti, facendogli sentire comprensione, solidarietà e affetto.

In senso 'psicopoetico' l'intenzione di questo *Manuale*, è quella di fornirvi per punti sintetici una serie di strumenti per trasformare gli aculei in rose, le ferite in tatuaggi, le offese subite in forza... Si tratta di un *Manuale* concepito per essere fruibile anche dal lettore non specialista, che nasce da una specifica esperienza clinica e di ricerca per l'elaborazione delle dinamiche di coppia disturbate e delle traumaticità amorose che ne derivano.

La speranza e l'augurio è che anche questo scritto, così come gli altri di chi scrive e che sono raccolti in altre pubblicazioni e nel blog di Albedoimagination, possa contribuire ulteriormente ad aiutare coloro che sono stati travolti da legami amorosi strazianti, carichi di tensioni distruttive.

Coraggio! Dalle tenebre dell'anima nasce una nuova Alba... ciò è sicuro se si ha amore per l'Amore, verso se stessi, gli altri e l'immensità dell'Universo che vive dentro e intorno a noi.

I. PERCORSI DIAGNOSTICO-TERAPEUTICI E DI AUTO-AIUTO

10 Casi-flash tra migliaia e migliaia 'assai simili, ma assai differenti'.

Si tratta solo di esempi brevemente accennati nella loro trama vampirizzante, e che quindi tendono a stigmatizzare le responsabilità consce e inconsce dei vampiri amorosi, senza tenere conto della dinamica nella sua complessità, dalla quale emergerebbero anche le responsabilità e le debolezze del partner vampirizzati. Sono casi, che mirano a dare al lettore materiali per una prima inquadratura diagnostica. Sono stati riscontrati nella pratica clinica (opportunamente trasformati affinché non risultino riconoscibili) ed attraverso le centinaia e centinaia di testimonianze nel principale forum di Albedoimagination sul 'Trauma da narcisismo e i suoi effetti…'.

Casoflash 1) Anna e Marco dopo 5 anni (travagliati a causa di mille incongruenze di Marco) decidono di sposarsi. Marco mette a disposizione una casa di famiglia, Anna acquista il mobilio. Non prendono possesso dell'appartamento in attesa del matrimonio. Un mese prima del matrimonio i mobili spariscono e Marco fa sapere ad Anna con una telefonata che ci ha ripensato, e che i mobili li ha fatti spostare in un magazzino perché ai suoi parenti serve la casa. Poi Marco sparisce. Anna saprà di lui attraverso amici che gli indicano una pagina FB ove stava annunciando i preparativi di matrimonio con una dottoressa che frequentava da tempo e della quale diceva essere solo un amico… Anna resta lungamente traumatizzata.

Casoflash 2) Marisa fa l'insegnante e abita in un piccolo paese con suo marito e la madre di lei molto anziana. Tra suo marito e la madre si genera una strana complicità volta a comandare e a vessare Marisa. Nel contempo il marito si nega sessualmente. Marisa non riesce a trovare via d'uscita per ragioni economiche ed umane, ma le pare di impazzire. Incontra un rappresentate di libri scolastici e nasce una storia come amanti. L'uomo, dopo i primi mesi di relazione all'insegna della passione e della dolcezza, attraverso i quali Marisa si innamora, inizia a trattarla con un crescendo di umiliazioni, abbandoni, ricatti di ogni tipo... Anna si trova vampirizzata da due vampiri.

Casoflash 3) Michele è un giovane imprenditore e conosce una bella ragazza olandese che si è trasferita in Italia per lavorare nel campo della moda. Nasce una relazione. Michele aiuta l''olandesina' a sistemarsi. Si accorge presto che di tanto in tanto lei lo tradisce con persone che lavorano nella moda. Lei si fa sempre perdonare... ma quando incontrerà, su presentazione di Michele, un imprenditore della mode che le offre migliori opportunità, tronca definitivamente la relazione. Incurante delle reazioni di Michele prende a frequentare il suo giro di amicizie e conoscenze con il nuovo amante. Una sera, in una discoteca che abitualmente frequentavano insieme, Michele, in stato di trauma amoroso, la vede in compagnia dell'amante. Lei gli si avvicina con uno strano sorriso ipnotico, fino ad arrivare al suo orecchio e gli sussurra: "Lui sì che è un uomo con le palle... non come te che sei un pagliaccio". Michele la allontana con uno spintone, lei barcolla e simulando si butta a terra... farà chiamare la polizia e denuncia Michele per ingiurie e percosse.

Casoflash 4) Carla è una donna lesbica che va verso la cinquantina. Conosce una coetanea che dice di essere un medico qualificato (in effetti lo è, ma non dice che da tempo è stata radiata dall'Ordine per gravi motivi). Nasce una relazione e Carla percepisce l'amica come molta affidabile. La 'Dottoressa' viaggia molto, adducendo motivi di lavoro. Dopo sei mesi Carla si rende conto che la sua partner aveva creato una rete di amanti e ammiratrici in tutta Italia, che riusciva a gestire attraverso 'visite' e mantenendo contatti intimi on line. Giocava un po' con tutte il ruolo di medico affidabile, ma laddove fossero stati scoperti i suoi intenti manipolotori e seduttivi, riusciva spesso ad imporsi con dinamiche dominanti e di ricatto erotico/affettivo.

Casoflash 5) Luisa è divorziata dal marito e per qualche anno non ha nuove relazioni. Incontra un uomo che ha un ruolo abbastanza importante 'in divisa'... lui le racconta le sue gesta (un po' pompate, ma vere) e lei lo trova affascinante e affidabile. Se ne innamora. Il 'generalissimo' però non dice di essere sposato. Quando dopo circa un anno Luisa lo verrà a sapere, lui le spiega che si tratta solo della 'classica separazione in casa'. Luisa pur soffrendo dell'inganno preferisce ancora credere in lui e continua ad amarlo. Da allora lui la tratterà come una specie di serva sessuale, da utilizzare secondo i suoi comodi... Luisa precipita in un vortice dal quale non riesce a sottrarsi in quanto considera la brama di lui, per quanto anaffettiva, come il segno di un reciproco amore che prima o poi trionferà. Con ciò i comportamenti di lui diventano sempre più brutali e Luisa sempre più succube tra ossessione erotica e investimento affettivo, che non riesce più a ritirare.

Casoflash 6) Pino è un ragazzo carino, elegante, molto attratto dalla leggiadria del fascino femminile. Si innamora con un colpo di fulmine di una ragazza di famiglia molto agiata e residente in una grande villa. L'aveva conosciuta in una discoteca ove era stato invitato per una festa di una comitiva di studenti bocconiani. La ragazza si accorge dello sguardo innamorato di lui, e assume un'aria molto civettuola al fine di sedurlo ulteriormente. Pino non sa che sin da quel momento la 'reginetta' lo considerava una preda, che avrebbe poi festeggiato con le sue altre amichette seduttrici nella gara della 'strage dei cuori'. Nei due anni successivi Pino la vedrà solo tre volte in occasioni di feste, tuttavia avrà con lei uno scambio di 'romantici messaggi' con FB WhatsApp e SMS. Non vi fu mai un bacio, ma solo una sottile intesa che era in gioco un corteggiamento reciproco... Pino non poteva proprio immaginare che la ragazza si divertisse a prendersi gioco di lui. Si videro la terza ed ultima volta, ad una festa alla quale lei si premurò di fare invitare Pino con lo scopo di scioccarlo smascherando le sue intenzioni beffarde e a lungo celate ... L'innamorato con il cuore in piena ci andò e con un pacchettino tra le mani, nel quale c'era un braccialetto che sperava fosse degno del rango dell'amata; ma lei si fece trovare sul divano mentre si baciava appassionatamente con un bel ragazzotto... e con intorno il crudele sghignazzo di alcuni suoi amici che contemplavano la faccia stravolta di Pino dinnanzi a quella scena.

Casoflash 7) Andrea e Gianni sono una coppia omosessuale. Andrea è più grande e lavora. Gianni è all'università. Tra i due si sviluppa una relazione erotico/affettiva dai toni tendenzialmente paterni. Andrea aiuta Gianni a mantenersi agli studi, e quindi a permettersi vacanze e qualche acquisto in più. Non si può dire che Gianni facesse il mantenuto, semplicemente considerava normale ricevere aiutini da Andrea. Giunto alla laurea Gianni decise di recarsi all'estero per un master, ed Andrea comprendendo le sue motivazioni lo aiutò in tale impresa. Solo qualche tempo dopo, Andrea venne a sapere che Gianni aveva già da tempo organizzato il suo 'trasloco' all'estero con un amico dottorando dell'università. Per lungo tempo Andrea ha avuto paura del suo stesso bisogno di amare, per il rischio di subire altri premeditati tradimenti. E' così caduto in una pesante sindrome ansioso-depressiva e, anche a causa di cure psicofarmacologiche con effetti collaterali pesanti, ha vissuto una lunga e straziante condizione traumatica.

Casoflash 8) Rita è un'agronoma e conosce un tale appartenente ad una famiglia che gestiva da generazioni una grande azienda agricola. I due abitavano in città diverse e potevano quindi vedersi solo qualche giorno al mese. Lei va a visitare i possedimenti della sua famiglia e lui le fa vedere una cascina di due piani ove sarebbero potuti stare insieme se lei avesse voluto, offrendole anche la possibilità di un lavoro in campagna. Rita dopo aver conosciuto la famiglia di lui, che trovò piuttosto fredda, ma comunque 'onestamente contadina', accettò entusiasta di iniziare la convivenza e fece il trasloco nel periodo estivo. Sistemò le sue cose al primo piano in quanto lui disse che il secondo piano per il momento era inagibile. In effetti il primo piano era piuttosto piccolo, in quanto adiacente ad una legnaia, e constava di due camerette, cucina e bagno. In autunno ci fu una brutta sorpresa: all'appartamento del piano di sopra - grande, signorile, luminoso, nonché ben arredato, ma rimasto chiuso per tutta l'estate - arrivò la moglie separata di lui, con due figli in età scolastica. Rita chiese spiegazioni, ma lui non seppe dire altro che aveva preferito non parlarne... La ex-moglie, e il parentado di lui iniziarono a comportarsi verso Rita come fosse stata un'intrusa profittatrice e si venne ad innestare contro di lei una vera e propria dinamica di mobbing famigliare, con calunnie e dispetti. Tutto ciò sotto la tacita copertura di lui che pareva essere interessato solo a mantenere in piedi i suoi equilibri dominanti, e ad usarla come una specie di pezzo in più sulla scacchiera contorta delle sue relazioni parentali e aziendali.

Casoflash 9) Alessandra è sposata da molti anni, con una figlia. Con suo marito ha una relazione di facciata, in quanto lui, per quanto siano separati la convince che per il bene della figlia e meglio apparire il più possibile come se stessero insieme. Alessandra lavora in un ufficio pubblico con un buon contratto consulenziale, ma senza vere garanzie di rinnovo. Il direttore del suo reparto è un uomo che a sua volta è separato, ed anche lui mantiene con sua moglie una relazione di facciata. Tra Alessandra ed il direttore nasce un flirt, e presto si trasformerà in una duratura relazione clandestina, che durerà sette anni. Durante questi anni il direttore l'abbandonerà almeno quindici volte, con periodicità imprevedibili e motivazioni sempre fittizie e incongruenti rispetto alla possibilità di comprendere... anche perché ritorna sempre. Il fatto che Alessandra venga confermata al lavoro dipende anche dalla sua capacità di non mostrarsi ferita o arrabiata quando lui la lascia... Nei periodi in cui l'abbandona Anna è costretta comunque a vederlo in quanto l'ufficio dirigenziale di lui è accanto a quello dove lavora lei. Doveva allora salutarlo con deferenza e distacco, senza poter chiedere di parlare di questioni personali, e quando ciò non le riusciva, lui la minacciava dicendo che sarebbe stato costretto a licenziarla. Alessandra è stata fortemente destabilizzata, tormentata da sensi di colpa, e con un grave calo di autostima che l'ha fatta sentire per lungo tempo distrutta come madre, come donna e come professionista.

Casoflash 10) Francesco è un giornalista piuttosto affermato. Conosce una collega residente in un'altra città. Lei ha un figlio di 9 anni ed è da tempo separata, ma non divorziata. Francesco è una persona con grande disponibilità psicologica a comprendere e a confortare, e lei ha così la possibilità di manifestargli le sue ansie, le sue preoccupazioni e frustrazioni, a livello esistenziale, famigliare e professionale. Sulla base di questa relazione di sostegno, per nulla reciproca, tra i due nasce una relazione amorosa. Nel primo anno Francesco fa tutto il possibile per recarsi dalla sua compagna e l'aiuta in tante faccende famigliari, inoltre si guadagna una grande simpatia dal figlio di lei. La relazione in un crescendo in negativo vedrà lei sempre più richiedente e indisponibile, quasi che tutti gli sforzi di lui per consolarla e sostenerla fossero stati inutili o sbagliati, tanto da essere considerati persino disprezzabili. Francesco però crede si tratti di una crisi transitoria e quindi si dà da fare ancora di più per manifestare il suo amore. Questo fa sentire lei sempre più dominante, collocata in una immeritata altezza dalla quale può vedere Francesco come uno che sta in basso e quindi non degno di lei. Improvvisamente lei dirà che non vuole stare più con lui e gli intima di non venire più a casa, incurante del fatto che il figlio avesse proiettato su Francesco una relazione quasi paterna. Francesco avvilito e ferito si rassegna e confida che le cose potrebbero ritornare a posto preservando un contatto telefonico ed epistolare. Lei tra atteggiamenti ambivalenti e contraddittori: aggressività, rifiuto, richieste e saltuariamente anche tenerezza, mantiene il contatto con Francesco per oltre un anno, però rifiutandosi sempre di rivederlo. L'esigenza di lei – ovviamente mai riconosciuta - era di sapere che lui fosse stato sempre innamorato, in modo da poter soddisfare il suo bisogno di sentirsi amata in modo incondizionato, ma negando la relazione. Evidentemente la sofferenza di Francesco, torturato con una subdola reiterazione del trauma abbandonico, soddisfava in lei un patologico senso di potere. Ciò non vuol dire che lei fosse realmente consapevole dei tormenti provocati a Francesco, ma in generale i vampiri amorosi sono centrati solo su se stessi e non hanno alcuna sensibilità e rispetto per i sentimenti del partner.

Casi come quelli sopra riportati sono sempre più riscontrabili nelle dinamiche di coppia di persone sposate, fidanzate o clandestine, eterosessuali o omosessuali. Si potrebbe pensare ad una sorta di epidemia dovuta ad un contesto psicoculturale malsano, che induce ad un incremento delle problematiche complessuali erotico/affettive, nonché di caratteri di personalità di tipo narcisistico e borderline, e quindi a conseguenti dinamiche di coppia fortemente disturbate.

***

Non è importante capire chi ci ha tirato la freccia, l'importante è come togliersela (... secondo la saggezza del Buddha)[2]

---

[2] "Un uomo venne colpito da una freccia avvelenata, e i suoi amici chiamarono un esperto medico. Se ora l'ammalato dicesse: Non voglio lasciar curare la mia ferita fin che non so chi sia la persona che mi ha colpito con la sua freccia, a che casta appartiene, come si chiama, eccetera - quale sarebbe la conclusione della faccenda ? Quell'uomo morirebbe per la sua ferita". (S. Bocchini, *Confronto con il buddhismo*, Elledici, Leuman (TO) 1998, pp-3-4). Eppure un percorso terapeutico della traumati-

Una diagnosi efficace per poi effettuare un corretto percorso terapeutico dei traumi amorosi non può essere centrata solo sulla figura del partner considerato eventualmente come traumatizzante. Certamente è importante avere la possibilità di analizzare aspetti della personalità del partner. Questi viene interiorizzato come un supremo oggetto del desiderio che si nega in modo distruttivo, e diventa quindi una sorta di fantasma persecutorio penetrato nella propria anima. Si tratta allora di diagnosticare la dinamica che lega se stessi al partner, e quindi anche le rispettive tipologie di personalità e complessualità. In un percorso diagnostico-terapeutico di auto-aiuto e così anche con l'aiuto di un terapeuta è importante sviluppare una coscienza ragionevole del proprio vissuto, ma anche di gettare un ponte simbolico tra conscio e inconscio per attivare energie emotive risananti le profondità della propria anima.

Considerata la complessità della vita amorosa, e le sue pene, relativamente normali, una diagnosi non deve sempre e solo ricadere nella 'etichettatura' psicopatologica. E' importante, a livello clinico, una comprensione diagnostico-terapeutica capace di congiungere pensiero ed emozione, mente e cuore. Ciò deve tenere conto delle rispettive responsabilità psicologiche dei partner - i quali però non possono essere messi sullo stesso piano, laddove c'è chi tormenta e chi non riesce a sottrarsi a tale tormento a causa di un attaccamento disturbato. Una diagnosi complessiva – concettuale ed emozionale - di sé e del partner, giammai limitata ad etichette generali, ma capace di cogliere il più a fondo possibile la specificità del proprio caso, già di per se stessa

---

cità amorosa deve considerare un'analisi della qualità della 'freccia', ed anche di chi l'ha scagliata, non nel senso di attribuire etichette e classificazioni generali, quanto per effettuare un percorso diagnostico-terapeutico capace di penetrare in se stessi, nella propria anima e nelle proprie emozioni, così da rigettare quella 'freccia' e sanare la ferita.

sortisce un effetto terapeutico. Una tale diagnosi, centrata sulla soggettività unica e irripetibile del proprio caso (per quanto simile a quello di molti altri) consente di comprendere a livello razionale ed emozionale, e con ciò la traumaticità si attutisce, poiché essa deriva proprio dall'impossibilità di comprendere e di elaborare il perché ci si è trovati a subire una relazione amorosa tanto dolorosa e disturbante. In concomitanza con tale 'diagnosi-terapeutica' si deve mettere a punto una specifica strategia e condotta terapeutica per ciascun caso.

In questo *Manuale* cerchiamo di offrire una riflessione generale accompagnata da consigli e raccomandazioni basilari che riguardano la TERAPIA del trauma e della sofferenza derivati da dinamiche amorose vampirizzanti.

Questo *Manuale* di auto-aiuto non implica che si possa uscire da una traumatizzazione amorosa contando solo ed esclusivamente su se stessi, anzi consiglia vivamente di cercare ogni aiuto possibile da parte di figure esperte, qualificate e di saggezza. Tuttavia bisogna anche fare del proprio meglio da soli, perciò qui viene proposto una sorta di 'percorso di auto-aiuto' che si intreccia in quattro aree fondamentali:

A) Psiche
B) Corporeità
C) Socialità
D) Spiritualità

Ciascuna area si connette alle altre, sebbene mantenga aspetti che sono specifici. Ovviamente è l'area della psiche quella preponderante, giacché ci occupiamo di fornire informazioni aventi l'obiettivo di aiutare a risanare le dilanianti ferite psichiche della vampirizzazione amorosa.

Eppure vogliamo fare osservare che un processo di guarigione, in particolare per questo genere di traumaticità psichica, deve essere intrapreso con una speciale attenzione 'olistica', e per l'appunto a livello psichico, corporeo, sociale e spirituale.

A) Psiche

La *Psiche* che etimologicamente vuol dire *Anima*, può essere stata duramente ferita e persino traumatizzata, non soltanto a causa delle 'classiche' pene amorose, ma perché si è sviluppato un ostinato attaccamento verso una persona, nonostante questa risulti manipolatoria, opportunistica e danneggiante. Perciò è importante avere una comprensione generale della problematiche psichiche della vita amorosa, per prendere coscienza di come possano diventare psicopatologiche ed influenzare i sentimenti, i pensieri, la sessualità, i sogni e le fantasie, trasformando una relazione affettiva in un inferno psichico.

Questa comprensione ci aiuta a dare un senso più profondo a quello che può risultare traumatizzante in una relazione amorosa negativa. E' importanti avere delle linee guida per spiegarsi i motivi psichici di atteggiamenti e comportamenti negativi, che risultano a volte così assurdi e inconcepibili da non poterli metabolizzare, e che quindi diventano ancora più tormentosi, generando dubbi e stati interiori strazianti.

Aiuta molto comprendere le cause psicopatologiche delle negatività di un partner, tuttavia è fondamentale acquisire consapevolezza dei motivi profondi e inconsci che inducono a legarsi ad esso/a entro una relazione amorosa 'malata'. Comprendere se stessi, oltre che l'altro, permette di attivare le proprie risorse psichiche di guarigione, e a tal fine ci si deve impegnare sia con le proprie forze e sia con il giusto aiuto psicologico di altri (persone vicine affettivamente e con esperienza, e certamente anche specialisti della salute psichica, fisica e spirituale).

B) Corporeità

L'amore è una questione dell'anima e del corpo, perciò molte questioni che verranno trattate congiungono entrambi gli aspetti.

Tuttavia a questa area è dedicato in modo più specifico il Capitolo

XIII, da considerarsi come un memorandum di riflessioni, consigli e raccomandazioni generali per non lasciarsi andare ad una condizione di malessere psicocorporeo, che potrebbe giungere a minare anche la salute fisica.

Bisogna comprendere che un forte stress psichico che si trascina nel tempo ha effetti nocivi sul corpo. E' quindi sempre consigliabile rivolgersi al medico curante per tenere sotto controllo la propria salute generale quando vi è uno stato di prostrazione e di traumaticità psichica. Del resto è importante avere qualche linea guida per preservare il proprio equilibrio psicofisico, relativamente alla alimentazione, all'attività corporea e al riposo. Perciò verranno accennati anche alcuni processi psicosomatici e bioenergetici per comprendere come un malessere psicologico dovuto ad un trauma affettivo possa influenzare anche il nostro equilibrio fisiologico.

Nel corso del *Manuale* si incontreranno cenni generali circa l'uso e l'abuso di sostanze psicogene che spesso vengono usate per lenire i dolori psichici di un trauma amoroso: psicofarmaci (con prescrizione medica), sostanze naturali, erbe e prodotti da banco, droghe e alcolici. Ovviamente droghe e alcolici sono da considerarsi rispetto alla loro risaputa 'tossica velenosità', con tutti i rischi pesantissimi che comportano, di assuefazione e tolleranza, persino letali. Va ricordato chi fuma sigarette (tabagismo) generalmente è portato ad aumentare a dismisura tale vizio, con danni che possono poi rivelarsi gravi o gravissimi.

Bisogna considerare con responsabilità tali rischi, in quanto si possono contenere ed evitare, se si seguono i comportamenti di base, tradizionalmente noti e quelli basati su consiglio medico. Attenzioni, cure e pratiche per mantenere in buona salute il corpo sono fondamentali per il contenimento e la guarigione del trauma amoroso.

C) Socialità

I traumi amorosi riversano i loro effetti negativi nelle nostre relazioni, a livello interpersonale e sociale. Ciò danneggia i rapporti con i parenti, gli amici, i colleghi. Pertanto aumenta il senso di solitudine e di incomprensione, e quindi si tende a difendersi in modo errato, talvolta ritirandosi in se stessi e talvolta diventando aggressivi e rifiutanti. Lo studio, il lavoro, gli interessi e il piacere per il tempo libero possono subire notevoli sconvolgimenti e limitazioni. La vita quotidiana, così come i progetti di vita più importanti subiscono un forte condizionamento, spesso gravemente invalidante.

E' importante fare in modo che il trauma amoroso debordi il meno possibile in ambiti che riguardano il nostro campo vitale nella società, nelle amicizie e in famiglia. Quanto più riusciamo a diventare coscienti di come e quanto una traumatizzazione amorosa possa recare danni alla socialità e alle relazioni, tanto più possiamo adottare dei comportamenti riparatori e compensatori.

Alle questioni della socialità è dedicato specificatamente il Capitolo XIV, sebbene nel corso di tutto il manuale molti aspetti della sofferenza amorosa vengano considerati nel loro legarsi ad una spirale negativa a livello sociale. Bisogna venirne fuori comprendendo e agendo sia rispetto al mondo interiore e sia rispetto a quello esteriore.

D) Spiritualità

La spiritualità sulla quale vogliamo far riflettere in funzione di una terapia del trauma amoroso, riguarda i valori, le idee, le passioni che animano il nostro impegno e il nostro modo di essere nella vita personale, per gli altri ed anche per un senso di 'Amore universale'. Perciò il concetto di 'spiritualità', come qui lo intendiamo, è da considerarsi in senso molto ampio. Esso riguarda anche una fede religiosa o una credenza nel soprannaturale, ma senza mai permettersi di giudicare e neppure interpretare i diversi modi di esperire e ritualizzare il sacro. Inoltre anche l'ateismo è qui considerato in senso spirituale nella misura in cui viene percepito come la forma più intima e autentica di confronto con il mistero della vita e dell'universo. Quindi stiamo parlando della spiritualità in riferimento al suo senso psicologico che può essere concepito secondo differenti modi e che nella psiche di ciascuno può avere una sua particolare significazione.

Quando si è colpiti da una dinamica amorosa traumatizzante la sfera spirituale viene messa a dura prova e va quindi fortificata e rielaborata, in quanto in essa vi sono portentose risorse di crescita e di guarigione. Chi ha una fede religiosa fa bene a riscoprirla e a rivitalizzarla, chi non la ha potrebbe incontrarla o scoprire in se stesso una 'spiritualità laica', cioè un valore superiore che dà un senso ultimo al proprio esistere (perfino, ripetiamo, in una visione atea). Si tratta di riconoscere che ciascuno a modo suo ha una sua missione nella vita e che l'amore non è un'energia solo terrena, ma anche universale ed idealistica, che va al di là degli interessi e dei confini dell'ego...

Dunque, come abbiamo detto, non si tratta solo di religiosità, quanto di valori spirituali che possiamo incontrare anche nella poesia, nelle arti, nella bellezza della natura, in tutto ciò che è animato da motivi nobili e di amore universale e pro-sociale, ad esempio nelle attività di volontariato, in certi ambiti lavorativi volti ad aiutare il prossimo, così come nell'impegno e nell'ideale politico, nella creatività, nella partecipazione alla collettività ed anche nel dono di sé nella vita di tutti i giorni.... Tutto ciò che contiene ed esprime amore, nel senso più elevato e non condizionato da interessi e legami strettamente personali, è da considerarsi animato da una qualche forza spirituale. Si tratta di una forza fondamentale per l'elaborazione e la guarigione dai traumi amorosi legati a dinamiche di coppia disturbanti. Tale forza nel senso della psicologia analitica fondata da Carl Gustav Jung – al quale facciamo particolare riferimento – ha un suo fondamento in quella regione psichica che egli ha chiamato "Sé", con la S maiuscola, che non consiste nell'Io egoico (e spesso egoistico), ma in un centro della personalità che connette nella coscienza e nell'inconscio l'individuo alla collettività e all'universo.

Nel corso del *Manuale* si troveranno indicazioni ed esortazioni per comprendere come sia importante, quando si è duramente feriti nei propri sentimenti, aprirsi e rinnovarsi in una propria ricerca interiore e spirituale nel suo senso più profondo e più ampio (considerato in modo specifico nel Capitolo XV).

Quando il senso dell'amore erotico è caduto troppo in basso a causa di una relazione malata, per farlo riemergere è fondamentale riscoprirlo dall'alto, nel suo senso spirituale più elevato. Allora sarà possibile riaprirsi all'amore relazionale, secondo una "corrispondenza di amorosi sensi" (Foscolo) capace di scambiarsi in modo generativo e benefico nel corpo e nell'anima. Quanto più si è riusciti a trasformare un trauma amoroso in una sfida per conoscere la propria anima e il proprio Sé – e quindi ripristinare un proprio equilibrio interiore, psicologico, corporeo, sociale e spirituale - tanto più ci si porrà nella condizione di poter ritornare ad amare e ad essere amati, senza attaccamenti disturbati, affrontando le sfide e nella gioia.

RACCOMANDAZIONI E CONSIGLI

Quanto abbiamo fin qui sintetizzato, con tutta evidenza comporterebbe una trattazione immensa e potrebbe apparire anche come un presuntuoso tentativo di insegnare con un semplice libretto ciò che è giusto o e sbagliato nella vita amorosa. Questo ciascuno lo deve conoscere esplorando la sua personale esperienza, che è sempre unica e speciale rispetto a quella di tutte le altre.

Tuttavia l'intento di questo *Manuale* è di voler 'servire l'anima' (che come ha evidenziato James Hillman è il significato della parola 'Psicoterapia') al fine di individuare linee generali di riflessione, dalle quali trarre punti di riferimento per auto-aiutarsi e per meglio orientarsi nelle possibilità di farsi aiutare per lenire e superare traumi e dolori della vita amorosa. Perciò, come abbiamo detto il *Manuale* cerca di comunicare con una terminologia accessibile a tutti - sebbene talvolta non sia possibile semplificare troppo, e quindi sono sempre consigliabili altri approfondimenti e chiarimenti, attraverso letture e per mezzo del dialogo diretto con persone qualificate ed esperte.

Il *Manuale*, come abbiamo evidenziato, si concentra in particolare su come difendersi e uscire da una relazione particolarmente negativa (distruttiva e vampirizzante). Talvolta nel culmine di una crisi amorosa, o di una separazione, l'altro può essere visto come la peggiore delle persone e appare impossibile qualunque possibilità di dialogo senza odio e rancore. Ma le cose non stanno sempre così, infatti questa visione estremamente negativa dell'altro può essere esagerata dal dolore che si prova per una crisi o una separazione. Perciò bisogna considerare con molta attenzione quando e in che modo si tratta effettivamente di una relazione con una persona disequilibrata nella sfera erotico/affettiva, a causa di sue profonde problematiche psicologiche che la rendono alquanto negativa, oppure perché sussistono incomprensioni problematiche in entrambi i partner.

Poiché in ogni caso si può essere molto feriti nella vita amorosa è assai difficile riuscire a fare chiarezza da soli, di certo è utile disporre di conoscenze di auto-aiuto efficaci e comunque elaborate da professionisti che hanno una comprovata esperienza di ricerca e di cura nel campo della traumaticità amorosa. Però, si badi bene che quanto abbiamo appena detto <u>non è un'esortazione al 'fai da te'</u>, anzi abbiamo già evidenziato e lo ribadiremo ancora che è bene chiedere aiuto a persone esperte e a specialisti della salute, sul piano psicologico, fisico e spirituale.

Anche le amicizie e gli affetti più cari sono da considerarsi preziosi alleati. Tutto ciò che può essere rigenerante dell'equilibrio interiore va ricercato con apertura, serietà, disciplina e fiducia. In tal senso è anche importante la lettura di testi capaci di dare informazioni approfondite, che offrono più punti di vista e che toccano positivamente cuore e ragione, per una comprensione emozionale e scientifica.

Quando si è coinvolti nella drammaticità delle emozioni e dei sentimenti amorosi, per quanti sforzi si possano fare, il proprio modo di sentire e di ragionare risulta inevitabilmente distorto. Perciò è importante una psicoterapia, e quindi un 'dialogo terapeutico' emozionale e razionale, affettivo e cognitivo, per elaborare quanto ci è successo. Ciò potrà generare una visione di 'sentimento ed intelletto' sul come sono andate le cose in profondità, e quindi potrà risvegliare le risorse interiori per superare dolori e traumaticità amorose nel modo migliore.

Questo *Manuale* è quindi da utilizzarsi come un *vadamecum* che offre riflessioni, raccomandazioni, orientamenti, per non sentirsi troppo soli e smarriti nei propri pensieri turbati, i quale possono altrimenti portare a prese di posizione e comportamenti sbagliati e, purtroppo, in certi casi anche pericolosi e autolesivi.

Nei riquadri CONSIGLI alla fine di ogni capitolo sono sintetizzati con osservazioni ed esortazioni alcuni punti essenziali e di carattere generale. Tali 'consigli' vanno ovviamente considerati rispetto al proprio specifico vissuto personale. Pertanto si tratta di linee guida che possono poi favorire un dialogo terapeutico, capace di individuare i fattori soggettivi che sono estremamente personali, per quanto possano essere accomunati a tanti casi simili al proprio.

CONSIDERAZIONI 'GENDER'

Chiariamo ancora che il presente Manuale mira a comprendere terpeuticamente e in generale le dinamiche distruttive e vampirizzanti relative sia al mondo **eterosessuale,** *e sia a quello* **omosessuale.** *Ovviamente ogni considerazione psicologica sulla vita amorosa e le sue dinamiche traumatizzanti deve avere un'attenzione specifica in funzione dei diversi orientamenti sessuali e di genere, ma considerando la sinteticità di questo Manuale lasciamo a lettori e lettrici l'impegno a fare le loro specifiche considerazioni di carattere 'gender', e ci auguriamo di poterle riprendere in modo più specifico in altra sede.*

II. ATTACCAMENTI DISTURBATI

Le tre aree della relazione amorosa

Le relazioni amorose, per quanto possano apparire 'rose e fiori', comportano sempre una difficile sfida per confrontarsi, conoscersi, trasformarsi. La coppia è un laboratorio che lavora essenzialmente su tre aree relazionali: la **tenerezza**, la **sessualità** e la dialettica **conflitto/negoziazione** (cioè la possibilità di litigare e poi di fare pace). Sembra assurdo, ma se una coppia non litiga non è sufficientemente 'sana', infatti vuol dire che si è troppo simbiotici e non ci sono possibilità di trasformazione, creatività e crescita. D'altra parte bisogna però che non si litighi troppo e che si abbia una buona capacità di comprendere e accettare i reciproci lati deboli e finanche negativi, e quindi di perdonarsi e fare pace.

Le tre aree relazionali sopra evidenziate in grassetto saranno esaminate nello specifico nei tre capitoli successivi. Ora diciamo che, in linea di massima, se queste tre aree sono sufficientemente bilanciate un legame amoroso può essere generativo, mentre se sono poco bilanciate diventa degenerativo. Forti carenze e disfunzioni, anche in una sola di queste tre aree, comportano che la relazione di coppia degenera/regredisce e non genera/progredisce. In caso di forte degenerazione e regressione, e quindi di malessere, sarebbe normale che il legame si interrompesse entro tempi e modalità psicologicamente accettabili. Insomma sarebbe il caso di lasciarsi, seppure con grande dispiacere, ma nel rispetto reciproco ed anche con la possibilità di sviluppare gradualmente un nuovo rapporto basato sull'amicizia.

Purtroppo avviene spesso che il legame amoroso degenerativo assuma la forma di un attaccamento disturbato e distruttivo che, invece di allentarsi e trasformarsi, diventa sempre più forte e più negativo. Capita che - nonostante vi siano grandi carenze e disfunzioni a livello della tenerezza, della sessualità, della litigiosità non costruttiva - uno dei due partner voglia detenere un potere di tipo manipolatorio e abusante sull'altro partner, il quale a causa di una sua debolezza interiore continua a fare di tutto per preservare l'attaccamento, pur soffrendo in modo straziante.

A volte vi sono partner che a causa dei loro problemi e complessi o di una loro personalità effettivamente disturbata sul piano erotico/affettivo, diventano dei veri e propri tiranni che metaforicamente ho paragonato a 'vampiri amorosi'. Questo perché succhiano le energie della persona che li ama, e quindi la utilizzano in modo opportunista, la manipolano e se ne servono per propri obiettivi o per 'sfogare' le loro frustrazioni e il loro bisogno di potere. Ciò è stato spesso indagato rispetto ai tratti di personalità più o meno marcatamente disturbati e patologici in senso narcisistico e borderline (vedi Capitolo VI). In realtà si tratta di inquadramenti diagnostici generali, ai quali non bisogna fissarsi, essi servono solo come 'cornici' introduttive, ma bisogna poi comprendere più a fondo possibile il quadro specifico e soggettivo, ovvero il 'dipinto dentro la cornice', che 'dipinge' la complessità specifica di ciascun partner disturbato e disturbante.

D'altra parte va ricordato che anche il partner che viene disturbato ha a sua volta una forma disequilibrata di concepire sentimentalmente la relazione. C'è qualcosa di psichico in esso o in essa che lo costringe a restare innamorato della persona che lo vampirizza, nonostante comprenda l'assurdità di questa situazione.

La persona che si deve difendere e vuole uscire da questa forma di attaccamento amoroso degenerativo, regressivo, negativo, deve lavorare su se stessa, sia per comprendere la propria problematica e sia per comprendere la nocività della problematica interna al suo partner vampirizzante.

In altre sedi abbiamo parlato di 'ferita narcisistica' e di vampiro interiore', quali immagini diagnostiche che indicano una predisposizione a lasciarsi vampirizzare nella vita amorosa. Riprenderemo queste 'immagini diagnostiche' nel corso del *Manuale*, per ora ricordiamo che esse rappresentano una carenza di amore per se stessi intrecciata a dinamiche di senso di colpa e di vergogna derivabili da problematiche insorte nell'infanzia, nonché da una propria innata natura costituzionale. Ciò induce a preservare anche a costo di immani sofferenze legami amorosi distruttivi, che con tutta evidenza sono relativi a comportamenti vampirizzanti del partner.

Consigli

1) Lavora su te stesso per comprendere la ragione psicologica del tuo attaccamento ad una persona che ti fa soffrire.

2) Prima di adottare etichette psicopatologiche a te stesso o al partner verifica con l'aiuto di uno specialista.

3) Renditi conto che quando con tutta evidenza i comportamenti del partner sono negativi, troppo ambivalenti e per certi aspetti di un'assurdità insopportabile ciò è dovuto a problematiche sue psicologiche delle quali non sei responsabile. Insomma non devi spiegarti il suo comportamento negativo con la semplice idea che non ti ama o che non gli piaci abbastanza, ma per il fatto che ha una modalità affettiva di relazionarsi disturbata e disturbante.

4) Tieni sempre presente che più ami te stesso, con 'pensieri, parole ed opere', e più un tuo attaccamento disturbato ad un partner vampirizzante tende ad attenuarsi e può essere superato, derivandone anche una maggiore consapevolezza e autostima.

III. TENEREZZA E CRUDELTA'

Carezze e coccole

Abbiamo detto che la tenerezza, quindi la possibilità di scambiarsi coccole, di abbracciarsi, di esprimere dolcezza e protezione reciproca è un'area di interscambio fondamentale nella relazione amorosa. Quando ci sentiamo innamorati di un partner che non è capace di esprimere sufficientemente tenerezza, sulle prime cerchiamo di accettarlo e di capire il perché è così. In certi casi possiamo attribuire tale carenza di tenerezza ad una sua inibizione emotiva, però poi questa deve incominciare a sciogliersi altrimenti ci troviamo in un legame che diventa sempre più disequilibrato. Naturalmente si deve considerare che non tutti hanno lo stesso modo di esprimere la tenerezza con effusioni, alcuni hanno un temperamento più freddo e introverso, tuttavia il sentimento trova le sue vie per esprimersi con dolcezza. Può anche verificarsi che certe persone esprimano la tenerezza a volte sì e a volte no, ma anche in questo caso occorre una certa continuità ed un certo equilibrio. Non è accettabile la tenerezza che si scioglie miracolosamente 'una volta l'anno' come il sangue di San Gennaro, e neppure se oscilla in un continuo scongelarsi e ricongelarsi che finisce con l'avariare ogni possibilità di espressione reciproca dei sentimenti e della sensualità. Affinché la tenerezza sia equilibrata nella coppia, essa deve essere naturale, spontanea, sufficientemente costante. Carezze, abbracci, baci, parole affettuose diventano parte fondante nella vita quotidiana di una coppia equilibrata, per quanto vi possano essere le normali difficoltà di confronto (come ben si sa stare insieme è sempre una sfida e comporta tolleranza, accettazione, e a volte anche sopportazione).

Vi sono casi ove la tenerezza pervade eccessivamente il rapporto, fino a diventare mielosa e affettata. Spesso le relazioni più vampirizzanti possono manifestarsi dopo essere stati sottoposti ad ondate iniziali di avvolgente, ma artefatta tenerezza, le quali poi, dopo qualche mese, si trasformano in ondate di veleno. Talvolta la tenerezza eccessiva diventa un modo per coprire la mancanza di autentico interesse erotico per il partner, oppure anche la mancanza di presenza nel progettare insieme, e quindi nell'intraprendere scelte di vita che danno un senso creativo alla relazione. La tenerezza eccessiva impedisce di litigare, e quindi aggira il bisogno di confrontarsi, rendendo sterile il rapporto. Ciò può provocare nel partner che subisce questa 'tenerezza manipolatoria' una frustrante sensazione di rabbia interna che non riesce ad esprimersi, se non in modo autolesivo e depressivo.

Insomma la tenerezza, non è sempre e solo una buona cosa, ciò dipende da come si connette alla sessualità e alla capacità di poter esprimere un conflitto di crescita, e quindi di fare critiche e autocritiche che si possono poi pacificare. Le modalità, e quindi le carenze e gli eccessi di tenerezza, in relazione alle altre aree di interscambio della coppia (sessualità e negoziazione dei conflitti), ci forniscono un parametro importante per comprendere la qualità e la natura di una relazione amorosa.

Vittima e carnefice

L'opposto della tenerezza è la crudeltà, ed essa si manifesta psicologicamente quanto più il partner vampirizzante diventa impietoso, distruttivo, svalutativo. Atteggiamenti scostanti, minacce abbandoniche, frasi dispregiative, negazione di attenzioni morali e materiali, litigi pretestuosi, imposizione dell'astinenza sessuale o di una sessualità che non considera mai i tempi e i bisogni del partner, sono le modalità relazionali che nell'esasperarsi e nel ripetersi danno luogo ad una vera e propria dimensione di crudeltà relazionale.

Istintivamente chi subisce tale crudeltà regredisce ad una condizione infantile e quindi è portato ad annichilirsi, chiudersi, o a lamentarsi e poi anche a piangere, fino a implorare pietà, aiuto e comprensione al suo stesso oppressore. Purtroppo questo può eccitare la mente di un partner distruttivo rendendolo ancora più spietato. La cosa straziante è che spesso si viene a creare una sorta di 'teatro della crudeltà' tra vittima e carnefice, dove la tortura psichica viene portata all'estremo. Solo quando la vittima apparirà come agonizzante, all'estremo delle sue forze o in un'effettiva condizione di pericolo, il carnefice uscirà dal suo ruolo e si mostrerà soccorrevole... ma questo fino alla prossima puntata. Questo terribile teatro che rende i partner come posseduti da forze che li pongono sul patibolo in quanto vittima e carnefice, oltre ad essere psicologicamente devastante, può al fine diventare fatale. Fate attenzione è un 'teatro' molto pericoloso. Il controllo può scappare di mano in un attimo e si possono compiere atti violenti e inconsulti. Soprattutto la vittima allo stremo del dolore può reagire con atti autolesivi o aggressivi. Vi saranno allora ulteriori pesanti conseguenze e potrebbe poi rivelarsi inesorabilmente tragiche.

Dunque, considerati tali rischi e pericoli, ripetuti ed esasperati, perché non si può fare a meno di amare il proprio carnefice? Forse non è proprio un carnefice, è piuttosto un vampiro/a, ed è ciò che lo rende micidialmente seduttivo. Si tratta di un'immagine leggendaria dalla quale si intuisce che vi è una sorta di macabra catena che lega il vampiro al vampirizzato. Ecco allora che una relazione amorosa diventa terribilmente degenerativa, essa ha ormai abbandonato la sua naturale funzione che è quella di esprime 'pulsione di vita', quindi creatività, bellezza, gioia, ed è diventata una fucina di 'pulsione di morte': odio, rancore, rabbia, crudeltà. L'iniziale Paradiso si è trasformato in un Inferno, ma poiché siamo entrati dal primo speriamo sempre di poter tornare indietro e riavere quell'Eden di amore del primo periodo... e invece ci si ritrova ormai in un'altra zona alla quale ben si addicono i celebri versi del Dante: "Lasciate ogni speranza voi che entrate...".

Eppure uscire da una relazione amorosa vampirizzante si può e si deve; perciò non disperate. L'idea terrifica di non potere uscire mai più da una infernale vampirizzazione amorosa fa parte del trauma che state vivendo. Non è così, o almeno non lo sarà se riuscirete a trasformare quel vostro vissuto infernale in un purgatorio. Avrete bisogno di un Virgilio interiore o anche in carne ed ossa, in quanto psico-terapeuta o persona esperta, che vi faccia comprendere che il vostro inferno può diventare un'esperienza purgatoriale, di purificazione e trasformazione, dalla quale si può uscire per poi volgersi verso un possibile Paradiso terrestre. Perciò occorre uno speciale e amorevole cammino terapeutico, capace di attivare la tenerezza dentro e intorno a voi. Questo *Manuale* deve essere considerato come un aiuto ad aprir-si ad una nuova dimensione di comprensione e di tenerezza terapeuti-ca.

Consigli

1) Non pensare che non meriti tenerezza perché hai sbagliato qualcosa e che per meritarla dovresti fare chissà che cosa. Se il tuo partner ha un disturbo nella sfera dell'affettività avrà comunque nei tuoi confronti comportamenti scorretti e anche crudeli.

2) Qualora la tenerezza appaia come una maschera che nasconde ambiguità, non accettare le finzioni e chiedi chiarimenti e dimostrazioni di lealtà e amore. E' importante che i nodi vengono al pettine prima possibile e non lasciarsi ingannare da manipolatori atteggiamenti di tenerezza. Se però i chiarimenti e le dimostrazioni arrivano in modo sufficiente, allora non bisogna cadere in uno stato di sospetto pregiudizievole. E' invece giusto cercare di mettere in discussione anche se stessi – al di là dei sensi di colpa e delle colpevolizzazioni del partner - al fine di costruire una relazione migliore.

3) Non bisogna avere il timore di confrontarsi sul tema della tenerezza, tuttavia non si può nemmeno richiederla forzandola, ciò rischierebbe di bloccarla ulteriormente.

4) La crudeltà di un partner disturbato e disturbante può esprimersi in modi molto sottili. Ricordatevi che quanto più la accettate tanto più vi sentirete legati e continuerete a subire nella speranza di un cambiamento. Purtroppo il disturbo affettivo del partner può invece portarlo ad umiliarvi e mortificarmi ulteriormente. Non accettate la crudeltà, allontanatevi dal partner al più presto, e se non ci riuscite cercate ogni aiuto possibile.

IV. SESSUALITA': TRASGRESSIONI E MANIPOLA-ZIONI

Perversioni e perversità

Come è ovvio la sessualità è un' area fondamentale nella relazione amorosa; noi qui la consideriamo nel suo modo di bilanciarsi con la tenerezza e la capacità di litigare e di far pace. L'errore principale che si fa spesso è quello di sottovalutarla o di sopravvalutarla. Oppure la si tende a giudicare secondo criteri moralistici. Gli equivoci e i pregiudizi sulla sessualità sono molteplici, anche perché la sessualità umana nella sua complessità non è separabile dalle sfere affettive, sociali e psico-culturali.

Per poter vivere e considerare la sessualità in modo sereno e piace-vole sarebbe bello potersi riferire pienamente alla frase di una canzone di Lucio Dalla: *"... e si farà l'amore, ognuno come gli va..."*, cioè con spontaneità, complicità e senza criteri valutativi di tipo produttivo o consumistico. Anche i 'figli dei fiori', con la rivoluzione sessuale degli anni '60 hanno dato un importante contributo per liberare la sessualità da schemi e tabù, ma c'è ancora molto da fare in tal senso. Anche a causa di un continuo bombardamento pubblicitario, dello *star system* e della moda, si è condizionati a considerare il sesso come una merce di maggiore o minore qualità ove bisogna impegnarsi a dare la massima prestazione possibile. La vasta diffusione della pornografia genera poi fantasie preformate che possono deformare la naturale creatività della relazione erotica. La sessualità quindi, invece di essere un dono reci-proco, investito di aspettative affettive, diventa spesso strumento di potere e di seduzione da impiegarsi con disinvoltura nell'ambito di strategie manipolatorie di dominio dell'altro.

Tutto ciò tende a diffondere l'errata idea che sessualità e sentimento siano due ambiti rigidamente separati. In realtà qualsiasi scambio ses-suale, anche nell'ambito di un'avventura, laddove non c'è falsità, può esprimere un'autentica volontà di donarsi con sentimento per un reciproco piacere. Ovviamente la sessualità nell'ambito di una relazione amorosa è invece un fattore essenziale dell'energia di legame specifica della coppia.

La libido in quanto energia psichica di legame amoroso - che secondo Jung non è solo sessuale, ma anche creativa e spirituale - ha la sua naturale modalità di esprimersi e predilige un clima di libertà e senza pregiudizi. La libido per quanto sia una forza naturale dentro di noi in quanto istinto, non è come l'istinto animale, in quanto è strettamente connessa allo psichismo affettivo e della relazione amorosa. In noi umani la sessualità si esprime in modo estremamente complesso secondo il misterioso linguaggio di Eros, quale forza archetipica capace di unire istinto e spirito, corpo e anima.

La creatività sessuale gioca su contrattempi e ambivalenze che orchestrano tenerezza e aggressività, animalità e sensualità, dolcezza e trasgressione. La sessualità umana non è ripetitiva come quella degli animali, ma creativa, fino al punto di trasformare l'atto naturale con gesti e atteggiamenti che vanno contro natura, contro i ruoli, contro le 'posizioni normali'. Questo gioco di trasgressione, complicità, abbandono e condivisione delle fantasie più 'strane', determina una forte energia di legame psichico, come se i partner fossero uniti da un loro intimo e inconfessabile segreto.

Quanto più due partner sono uniti intimamente tanto più sono travolti sul limine tra perversione e perversità. Le *per/versità* sono un gioco erotico che può essere generativo nel senso di favorire l'incanalarsi della libido per 'altri versi' invece che direttamente attraverso il 'verso genitale', mentre le *per/versioni* impongono alla libido di allontanarsi dalla genitalità e quindi possono acuirsi in forme degenerative. Le perversità possono anche avere la funzione di preliminari liberatori, mentre le perversioni tendono ad essere fini a se stesse, e a fissarsi su fantasie che diventano costrittive piuttosto che liberatorie.

Una coppia diventa particolarmente incline alla perversione quando è legata da dinamiche affettive ambivalenti, contraddittorie e soprat-

34

tutto inconsciamente ancorate a complessi e a traumaticità infantili. Ad esempio un gioco sadomasochistico da una dimensione di perversità può diventare tanto più perverso quanto più non si riconosce che si sta mettendo inconsciamente in scena la relazione con un genitore, il quale, per quanto fosse stato affettuoso e accudente, poteva diventavare maltrattante e punitivo anche in modo manesco.

Così tante tipologie di perversioni (o parafilie) determinano tra i partner, non una effettiva complicità di cui sono protagonisti, ma un utilizzo reciproco e senza rendersi conto, che sono entrambi burattini manovrati da complessi affettivi inconsci.

La teoria psicoanalitica, confermata dall'esperienza clinica, ci dice che le perversioni derivano da esperienze e relazioni infantili disturbate sul piano affettivo. Più si è inconsapevoli di ciò e più si tende alla perversione, per quanto questa possa essere inibita da una potente repressione messa in moto da tabù e da fantasmi interiori punitivi.

La coppia disturbata da dinamiche narcisistico-borderline vampirizzanti vive la sessualità in maniera fortemente perturbata, tra perversione e repressione, ed entro potenti meccanismi di condizionamento e di potere. Il desiderio sessuale dell'altro diventa per lo più desiderio di utilizzare o dominare l'altro, e questo sia da parte di chi agisce e sia di chi subisce la vampirizzazione. Ed è in fondo questa la più grande perversione sessuale, cioè non tanto quel che si fa, ma il senso di dominio e di strumentalizzazione che la sessualità consente di attuare manipolatoriamente.

Solo che chi ha veramente in pugno le chiavi della perversione/manipolazione è il partner disturbato e disturbante nella sfera della relazione erotico/affettiva. Il vampirizzato/a a sua volta, per quanto soffra della manipolazione erotica del partner, non può fare a meno che essa venga attuata. In tal senso diventa complice della perversione erotico/affettiva che si esprime anche attraverso l'uso manipolatorio della sessualità.

Quando una coppia è sufficientemente generativa, e i partner non hanno importanti disturbi della sfera erotico/affettiva, la sessualità può essere incline alla perversità, ma senza per questo diventare perversione. La perversità non è dunque una patologia, ma una patologizzazione, cioè la possibilità di esprimere attraverso un linguaggio erotico un nucleo affettivo infantile che altrimenti potrebbe restare involuto. Ad esempio un gioco sadomaso o un'esperienza orgiastica – in uno speciale contesto di trasgressiva complicità - può sortire un effetto liberatorio di certi fantasmi infantili di tipo edipico. Naturalmente tali questioni sono estremamente soggettive e sono anche alquanto complesse in termini di psicologia e di morale sessuale; qui diciamo solo che quando una coppia è sufficientemente sana, essa anche per via delle sue 'stranezze' e perversità sessuali può diventare un laboratorio di patologizzazione liberatoria.

Quando invece la coppia è degenerativa, soprattutto secondo dinamiche distruttive e vampirizzanti, la sessualità diventa un'area di esperienza particolarmente dolorosa, indipendentemente da quel che sessualmente si fa o non si fa.

La vampirizzazione dunque non si basa sul fatto di attuare pratiche sessuali più o meno perverse ma, come abbiamo detto, sull'impiegare la sessualità in modo manipolatorio e di dominio, e ciò è intrinsecamente perverso. Questo può avvenire o esaltando la sessualità in modo perverso, o anche inibendola, ma l'obiettivo patologico è comunque quello di esercitare il potere al posto dell'amore.

Vampiri sessuomani

Nel caso che la sessualità sia esaltata accade che più vi è sofferenza e più essa diventa morbosa, generando una sovraeccitazione che la rende incandescente ed estremamente desiderabile. Il corpo del partner vampirizzante viene visto e percepito come quello di una divinità dalla carica erotica temibile e insuperabile. Per quanto si debba riconoscere che non sempre si tratti di un fotomodello/a, e piuttosto di una persona con un sex-appeal nella media, si viene posseduti da un desiderio erotico irrefrenabile nei suoi confronti. Ciò avviene anche perché il

piacere sessuale libera nel nostro organismo e nella nostra psiche e-
nergie e sostanze con una funzione ansiolitica e antidepressiva. In pratica la sessualità diventa una droga, un 'narcotico' (come aveva fatto
osservare Freud), ma lo diventa tanto più quanto più la relazione è
dominata da tensioni distruttive di tipo narcisistico/borderline. Il sesso con il vampiro ha un effetto particolarmente drogante dal quale si
viene intossicati, con la produzione di una specie di tossicomania,
un'irrefrenabile desiderio per una sostanza della quale, pur conoscen-
done la tossicità, non si può fare a meno, perché almeno per la durata
del suo effetto riesce a far star bene. Purtroppo il partner vampirizzante percepisce che ha in suo potere il partner vampirizzato nella misura in cui lo ha reso sessuo-dipendente. Ecco allora che può decidere
di utilizzare questa 'sessuodroga' in modo manipolatorio o di alzarne
il prezzo. Ovviamente non stiamo dicendo che si faccia pagare, ma il
suo guadagno è di tipo psicopatologico, si tratta cioè di un bisogno
narcisistico e borderline di potere in una dinamica amorosa patologica che lo porta a succhiare ogni energia nell'altro, e quindi ad indebo-
lirlo fino a renderlo una sorta di schiavo, che al momento buono (per
il/la vampiro/a) potrà essere crudelmente abbandonato in modo umiliante e distruttivo. Tuttavia non si tratta di una schiavitù di tipo sadomasochistico, come molti tendono a sottolineare, ma proprio di
una sessuodipendenza, per cui per avere la 'sessuodroga' si è disposti
a sottomettersi. Laddove nel masochismo il piacere è dato dalla sot-
tomissione, nella dinamica vampirizzante non è questa che si desidera, ma è paradossalmente la relazione vampirizzante in se stessa. Infatti non si tratta di solo sesso, ma di un attaccamento amoroso disturbato, che pretende di trasformare in relazione amorosa la relazione
vampirizzante, anche attraverso la sessualità. Per quanto sembri assurdo al fine di riuscire a compiere tale trasformazione occorre la 'ma-
teria prima', la quale è appunto la relazione vampirizzante. La relazione amorosa non è desiderata di per se stessa, altrimenti si rifiuterebbe
la relazione vampirizzante, invece occorre quest'ultima al fine di riuscire a trasformarla in amore, grazie al sacrificio di dare al vampiro/a

il proprio 'sangue psichico', affettivamente e sessualmente.

Vampiri bianchi

Come abbiamo fatto cenno la perversione manipolatoria della sessualità può esercitarsi anche attraverso l'imposizione dell'astinenza sessuale, parziale e persino in modo totale. Il partner vampirizzato viene tenuto legato attraverso la promessa di una relazione affettiva speciale nei suoi confronti, che viene tenuta in vita con piccoli gesti, quali messaggi, telefonate, atteggiamenti di intesa e complicità. Addirittura il vampiro affettivo può esercitare la sua manipolazione anche a distanza, concedendo di incontrarsi solo raramente[3]. Egli o ella riesce quindi ad imporre una sorta di relazione platonica parzialmente o del tutto asessuata. Ciò può avvenire anche all'interno di una coppia sposata, ove la quotidianità viene fatta percepire come affettuosa, per quanto sia completamente disincarnata dall'eros e risulti dolorosamente castrante per il partner vampirizzato/a.

In altri casi la 'vampirizzazione bianca' può essere messa in atto da un partner che mentre ha una relazione con un amante, impone con scuse e manipolazioni al partner ufficiale di preservare una relazione affettiva limitando o anche abolendo la relazione sessuale. Questo genere di 'vampiro/a bianco' può trovarsi ad avere una relazione problematica e insicura con un'amante e quindi manipola il partner per preservarsi affetto e protezione, facendogli credere che lo scarso coinvolgimento sessuale è dovuto ad altri problemi, di cui persino lo accusa. Quando poi il vampiro/a si sentirà più sicuro con l'amante ab-

---

[3] Si pensi al *Diario di un seduttore* (1843) di Kierkegaard, il cui protagonista – Giovanni (ovvero Don Giovanni) – gode a manipolare sentimentalmente una donna seducendola solo attraverso un rapporto epistolare. Questa forma di 'vampirismo bianco' è oggi assai diffusa per mezzo di chat e social network (e comunque viene messa in atto anche da donne che vogliono captare su di sé il desiderio erotico di un uomo (o più), senza peraltro mai neppure pensare di contraccambiarlo e soddisfarlo.

bandonerà il partner ufficiale dopo averlo vampirizzato affettivamente e umiliato sessualmente.

Ci troviamo in una dimensione psicopatologica della relazione amorosa alquanto diffusa, ma non sempre essa può essere riferita ad una dinamica vampirizzante coscientemente e malignamente messa in pratica da un partner verso l'altro. Sta di fatto che una qualche forma di vampirizzazione c'è quando una persona esercita una manipolazione affettiva per condizionare il partner a restare nella relazione rinunciando alla sessualità. In tal caso il partner vampirizzato, a causa di una sua debolezza (ferita narcisistica e quindi convinzione inconscia di non poter essere amato normalmente) finisce con l'accettare la propria castrazione pur di ottenere una forma patologica e perversamente asessuata di affettività. Si tratta di una sorta di ricatto affettivo per cui per essere amati bisogna rinunciare al piacere erotico, e quindi essere castrati/e.

Raramente gli uomini accettano remissivamente questa condizione, ma può comunque accadere. Invece è più diffuso che il 'ricatto *sexless*' venga imposta dagli uomini alle donne. Tale manipolazione perversa si attua attraverso ragionamenti fuorvianti ed eccessi di tenerezza che agli occhi di altri appaiono con tutta evidenza affettati ed edulcorati, ma non alla vampirizzata che invece resta soggiogata e confusa, finendo con il mettere in discussione se stessa sulle sue capacità attrattive e di coinvolgimento erotico. Talvolta l'imposizione dell'astinenza sessuale, parziale o totale, viene motivata da una perenne condizione di stress e frustrazione personale di tipo pseudodepressivo, per cui si impone alla partner di restare legati in una condizione di castrazione della sessualità. Addirittura il 'vampiro bianco' arriverà persino a colpevolizzare la partner, in quanto sarebbe lei stessa che con le sue pretese erotiche genererebbe un clima di incomprensione e conseguente calo del desiderio.

Spesso gli uomini sviluppano disturbi dell'erezione, eiaculazione precoce o ritardata, che manifestano anche organicamente la difficoltà di esprimere una relazione equilibrata a livello affettivo e sessuale. Con ciò non si può dire che questo indichi sempre una forma di vampirismo amoroso, ma lo diventa nella misura in cui questi uomini se ne infischiano di come il loro disturbo possa provocare sofferenza nella partner, e le impongono di accettarlo attraverso una manipolazione affettiva che induce alla castrazione della femminilità. Se un uomo comprende come e la sua problematica possa ferire il femminile, ed è disposto ad una elaborazione terapeutica del suo modo di esperire la sessualità, allora non si può assolutamente parlare di 'vampiro bianco', ma di una problematica che si può affrontare in se stessi ed insieme alla propria compagna, con comprensione, pazienza e amore. Quando invece l'astinenza sessuale, o problematiche sessuali maschili vengono occultate, o addirittura impiegate per mantenere una sorta di inconscio ricatto o di vendetta verso una compagna, alla quale si nega il piacere erotico pur tenendola legato affettivamente, allora ci troviamo nell'area del vampirismo bianco. Anche le donne a volte, per quanto non se ne rendano conto agiscono una sorta di vampirismo bianco verso il maschile. Si tratta di donne che tendono a svalutare l'importanza dell'erotismo, che non fanno nulla per trasmettere segnali erotizzanti e che non manifestano alcuna attrazione 'fallofila' verso il maschio, concedendovisi quasi come se si trattasse soltanto di una ginnastica o di un dovere coniugale. In genere gli uomini reagiscono con molta più insofferenza delle donne, e sono più portati a soddisfare le loro esigenze con amanti occasionali e prostitute. Ciò li rende insoddisfatti, frustrati e con sensi colpa, e li induce a legarsi ancora di più alla compagna, per quanto questa neghi la possibilità di una reciprocità autentica e spontanea dell'erotismo.

Le donne sono più silenti nell'accettare il 'vampirismo bianco', ed alcune si sentono persino in colpa per il solo fatto di desiderare una vita erotica più soddisfacente. Molte donne accettano sotto una sorta di ricatto affettivo, legato alla paura di trovarsi da sole ed anche ad una loro insicurezza psicosessuale, di essere castrate nella loro femminilità pur di preservare la relazione. Ciò genera pesanti frustrazioni, condizioni nevrotiche e talvolta la necessità di trovarsi un amante, il quale però si rivela essere spesso, un ulteriore 'vampiro', questa volta 'non bianco', ma 'sessuomane', con effetti ulteriormente destabilizzanti. Quando una donna si trova a dover scindere l'affetto verso un partner e il sesso verso un altro partner, raramente riesce a gestire il proprio equilibrio emozionale, e si trova ad essere più facilmente ricattata e manipolata dal 'vampiro bianco' sul piano affettivo (spesso è il marito o il partner ufficiale) e dal 'vampiro sessuomane' sul piano sessuale (l'amante).

Dongiovannismo

Ritornando al 'vampiro sessuomane' si tratta di una figura metaforica riferibile al dongiovannismo ad uomini che seducono le donne con mille smancerie romantiche e bugie, per ottenere prestazioni sessuali particolarmente appassionate e trasgressive. Poi però quando questi vampiri sessuomani hanno ottenuto quanto volevano si stufano e diventano rifiutanti e distruttivi. A volte questi uomini agiscono con tali modalità 'manipolatoriamente sessuomani' quasi che non conoscano altra via per relazionarsi con il femminile. In un primo periodo sentono un'effettiva passione e la esprimono, ma in poche settimane o pochi mesi non solo questa si rivela essere un fuoco di paglia, ma diventa una modalità di dominio, di ricatto e di manipolazione vampirizzante e distruttiva a sfondo narcisistico-borderline.

In molti casi il dongiovannismo nasce da un inconscio attaccamento alla madre per cui le donne sono vissute come meri oggetti sessuali, mentre il sentimento, per quanto contraddittorio, come mix irrisolto di amore-odio è legato alla madre. Al fine di sedurre le donne questo tipo di uomo con complesso materno erotizzato – che non è assolutamente in grado di riconoscere senza un'analisi – può anche auto-convincersi di provare sentimenti romantici forti, laddove invece si tratta di un trasporto affettivo passeggero e che semmai potrebbe essere approfondito in una relazione autentica (tuttavia sempre evitata). Dunque il Don Giovanni sentendosi autorizzato anche romanticamente a sedurre riesce ad avere un successo alquanto notevole con le donne, in quanto riesce a farle sentire tutte – una dopo l'altra – in qualche modo amate, oltre che desiderate sessualmente. In effetti anche egli sente di amarle, ma in fondo sa che questo potrebbe durare qualche giorno, qualche settimana o al massimo qualche mese, e tuttavia non se ne cura affatto, giacché ciò che gli preme con urgenze non è neppure essenzialmente la possibilità di fare sesso, ma di riuscire a fare appassionare una donna, e a mano a mano che vi riesce, invece di preoccuparsi della delusione che potrà provocare in lei tende a schiacciare l'acceleratore e quindi a recitare ancor di più la parte dell'innamorato. Quando la farsa non sarà più sufficiente e la donna richiederà una qualche forma di conferma del suo grande amore, questo 'attore sessuoaffettivo' si trincererà dietro a mille scuse e si dileguerà, spesso neppure consapevole dell'effetto vampirizzante che ha sortito sull'ultima delle tante partner conquistate e abbondonate.

Dal nostro punto di vista dunque non ci interessa rimarcare tanto la 'perversione sessuale', quanto la 'perversione sentimentale' che, impiegando per eccesso o per difetto la sessualità, diventa arma di ricatto e manipolazione.

Non bisogna confondere il 'sessuo-vampirismo' o il dongiovannismo con forme di occulta o larvata prostituzione, per cui il sesso viene concesso per ottenere benefici economici e lavorativi. L'amore mercenario in forma più o meno esplicita, e quindi al di fuori della vera e propria prostituzione, è riscontrabile con differenti declinazioni negli uomini, così come nelle donne e nelle coppie omosessuali. Per cui le varie forme di sessuovampirizzazione e dongiovannismo di cui ci stiamo qui occupando, riguardano la possibilità di sviluppare un potere psicologico sul partner, volto a sfogare un bisogno patologico di dominio, che spesso è anche distruttivo.

Sempre raccomandiamo di considerare la figura del vampiro amoroso, sessuomane o 'bianco', come una rappresentazione metaforica ed immaginale di un disturbo relazionale affettivo all'interno di una persona; perciò essa non si riferisce alla per-

sona in quanto tale. Si tratta di una immagine narrativa che serve a spiegare come certi tratti di personalità afferenti agli stili di personalità narcisistico/borderline e ad altri 'complessi' possano diventare crudelmente disturbanti e traumatizzanti nella vita amorosa. Al fine di disambiguare le differenze e le concomitanze tra problematiche di tipo narcisistico e borderline ed altri complessi si veda il Capitolo VI.

Consigli

1) Non considerare il sesso come l'energia che deve determinare un innamoramento. Distingui tra attrazione e amore. Non diventare sessuodipendente scambiando questo per amore.

2) Non credere che solo quella persona negativa può darti sensazioni erotiche particolarmente speciali. Quando si ritorna sereni, e non si è più 'drogati' da un attaccamento disturbato l'esperienza erotica può ripristinarsi nel miglior modo e con un partner non disturbato e più compatibile psicologicamente.

3) Non accettare di portare avanti una relazione asessuata, o con forte imposizione di astinenza sessuale, se non vengono attuate terapie e se il partner si rifiuta di comprenderti e di considerare quanto ciò possa ferirti.

4) Ricordati che quando si è sotto l'effetto di un trauma amoroso la libido viene sempre, in un modo o in un altro, condizionata e disturbata. Perciò la vita erotica, il desiderio, le fantasie possono risultare insoddisfacenti, inibite, distorte o esaltate. Si tratta di uno stato transitorio, che è sintomatico della condizione affettiva che è stata vampirizzata. Quando tale condizione verrà ripristinata la sessualità potrà tornare a funzionare in modo soddisfacente e, comunque, la libido si riequilibrerà nel contesto di una nuova maturità psicoaffettiva, liberata dall'attaccamento disturbato e vampirizzante.

V. CONFLITTI PRETESTUOSI, PROVOCAZIONI E ANGHERIE

Litigi sani o malati?

Abbiamo osservato che la possibilità di litigare, se è ben proporzionata a quella di fare pace e non genera una continua condizione di tensione (nel senso che per quanto si faccia pace si litiga troppo continuamente), è un fattore favorevole alla generatività della coppia e al suo equilibrio[4]. Si tratta pur sempre di un 'equilibrio acrobatico' che presume un mettersi in discussione e un confrontarsi e conquistarsi, a mano a mano che una relazione cresce e diventa veramente autentica e profonda. Paradossalmente quando non si litiga mai, la relazione si appiattisce e tende a spegnersi anche sul piano passionale, cosicché la massima popolare giustamente dice che: *l'amore non è bello se non è litigarello*.

Talvolta possono insorgere problematiche molto complesse anche nelle coppie più armoniose e generative. Momenti e periodi difficili possono provocare un clima di incomprensione e di ostilità. Ma nella misura in cui con pazienza e amore si riesce ad uscirne, la relazione matura e diviene più profonda.

Le cose però si complicano e diventano degenerative quando oltre ai motivi di litigio 'importanti' se ne aggiungono di futili e pretestuosi, aventi lo specifico obiettivo di provocare, aggredire e svalutare il partner. Non è ammissibile che un clima di litigiosità venga sempre giustificato sulla base del proprio nervosismo, per cui ci si arroga il diritto di fare il bello e il cattivo tempo, approfittandosi che il partner, per amore (o meglio: per un attaccamento disturbato) lo tolleri ad oltranza.

In alcuni casi la lite è provocata perché il partner con problematiche

---

[4] Si veda il libro di Daniele Novara *Meglio dirsele. Imparare a litigare bene per una coppia felice*, Bur, Rizzoli, 2015.

a carattere narcisistico o borderline ha bisogno in qualche modo di sfogare frustrazioni e rabbie patologiche. A tale riguardo sfrutta il partner come cestino dei rifiuti o come *pungiball*. Infatti sa che poiché egli o ella lo ama, si può permettere di trattarlo male a piacimento, e questo lo fa sentire bene: nel senso di avere la relazione in pugno detenendo un potere malato sulla persona che lo ama. La dinamica distruttiva imposta da un partner vampirizzante, del resto, presuppone che il partner vampirizzato si renda amabile e che ami, affinché sia di fatto più 'feribile'. A tale riguardo il partner vampirizzante mette in moto una dinamica di continuo rialzo della posta, del tipo: "se vuoi stare con me devi sopportarmi", ma non solo, poiché il "vampiro/a amoroso' si sente più potente quanto più l'altro è disposto a sopportare. Così, finisce con il fargli sopportare pesi sempre più pesanti. Di converso chi sopporta, nel sopportare sempre più, viene indotto dall'investire più amore. Si crea una spirale assurda ove più si sopporta e più si ama, e quindi il vampiro incassa ciò come senso di potere. Perciò quest'ultimo, nei momenti che potrebbero diventare più leggeri, rilassanti e piacevoli, coglie spesso qualche pretesto per imporsi come vero e proprio guastafeste, con il semiconscio desiderio di vedere quanto potere riesce ad avere sul partner angariato, cioè quanto questi riesce a sopportare pur di restare legato amorosamente.

Al fine di creare liti pretestuose, aventi lo scopo ultimo di destabilizzare il partner per meglio manipolarlo e dominarlo, possono essere messe in atto strategie veramente subdole. Ad esempio viene affermato qualcosa che poi viene negato o stravolto nel suo senso originario, come se in mancanza di testimoni si potesse smentire o fuorviare ogni realtà dei fatti, ogni impegno ed ogni promessa. Oppure si esprimono 'doppi messaggi', ad esempio che si vuole uscire fuori a cena, ma anche no, in modo che qualsiasi cosa interpreti il partner possa essere poi considerato sbagliato. Oppure il 'doppio messaggio' avviene esprimendo con il corpo, lo sguardo, la postura, qualcosa che contraddice quello che si afferma a parole, ad esempio dicendo: "Certo che sono contento di essere qui con te…", e intanto guarda altrove, o sbuffa, o ha un tono gelido, stanco, assente... Spesso un clima di litigiosità angariante viene imposto con l'intento di risultare delusivo, per cui viene creata nel partner l'aspettativa di un qualche momento piacevole e distensivo insieme e poi la si disattende con qualsiasi pretesto, o anche come modalità di punire il partner accusandolo di colpe che non ha.

Insomma la persona disturbante tende a creare un angusto clima di incertezza emotiva e comunicativa, che porta il partner vampirizzato ad immani sforzi amorosi di sopportazione e alla ricerca di un chiarimento. Il nefasto risultato che il vampirizzato ne ricava è quasi sempre quello di venire svalutato e accusato di non voler capire, di non sapersi relazionare e di essere 'il solito rompiscatole'... Il partner vampirizzato sopporta anche queste vessazioni, per evitare di litigare, oppure litiga, ma allora si crea una battaglia impari e persa in partenza, in quanto la lite era proprio ciò che la persona disturbante voleva generare. E in seguito, assurdamente, l'attaccamento disturbato verso il vampiro aumenta...

Ricatto affettivo e provocazioni

La formula malata del ricatto affettivo che passa più o meno inconsciamente nella mente del 'vampiro/a amoroso' è dunque la seguente: "Quanto più lui o lei sopporta le mie angherie, tanto più vuol dire che mi ama, e cioè che è dipendente da me ed io ho il potere di farlo/a star male quanto voglio".

Certo, non è un bel potere, ma è più o meno così che nelle disfunzioni di tipo narcisistico e borderline si manifesta un disturbo dell'affettività, ovvero l'imposizione manipolatoria e abusante di legami amorosi tormentosi, al fine di superare il proprio senso di impotenza e di frustrazione rispetto alla paura della relazione. La sfera erotico/affettiva è tanto più disturbata quanto più viene percepita in modo paranoideo, e cioè: 'faccio del male e domino, prima che l'altro possa fare lo stesso con me'.

Per quanto questi soggetti affettivamente contorti e disturbanti cerchino di apparire speciali e tuttavia 'spontanei e naturali', dentro di loro covano una patologica invidia per gli altri che potrebbero sembrare più potenti o più felici di loro. Allorché devono alleggerire il livore della loro invidia prendono a sfogarsi sul partner che per via di un attaccamento disturbato li sopporta all'infinito. La cosa assurda poi, è che un po' alla volta incominciano a provare anche disprezzo per il partner che li sopporta, giacché lo considerano un debole e perciò senza valore. In effetti sono loro ad aver esasperato le ferite di chi li ama facendoli sentire sempre più disprezzati e svalorizzati, in un crescendo di sopportazione nel perseverare un attaccamento disturbato (vissuto come innamoramento quasi mistico, ammaliante, destinale e che mai e poi mai potrà essere sostituito ed equiparato nei sensi e nell'anima).

Quindi nonostante il/la vampirizzato/a faccia di tutto per far capire al partner disturbante quanto lo ama, egli o ella viene visto come un soggetto debole e al fine anche squilibrato, invasivo, inaffidabile e fastidioso, del quale liberarsi e persino anche da punire. E' paradossale, ma i 'vampiri erotico/affettivi' provano rabbia perché ritengono che la persona da loro scelta si era inizialmente presentata come forte ed equilibrata e poi si è rivelata debole e squilibrata, ma si rifiutano a tutti i costi di ammettere che sono stati proprio loro ad averla ridotta così – nutrendosi dalle loro ferite e debolezze, le quali la rendevano predisposta ad un attaccamento disturbato. Eppure le stesse ferite e debolezze in una relazione amorosa generativa avrebbero potuto essere comprese ed elaborate, non certo usate come piaghe in cui conficcare artigli e denti infetti… Con ciò non si vuol dire che, inesorabilmente, se si ha una ferita narcisistica si debba finire sotto le grinfie di un vampiro amoroso, ma che ciò spesso accade. Tuttavia, come avremo modo di esaminare nel corso del Manuale, il subire la vampirizzazione amorosa può essere necessario affinché la latente predisposizione all'attaccamento disturbato possa essere risolta e superata.

Stalking, ghosting e altre persecuzioni

Purtroppo accade spesso che soggetti aventi uno stile di personalità borderline si accaniscano a ricercare e a molestare un ex-partner che non potendone più delle loro vampirizzazioni si è allontanato. Spesso in questi casi il partner che attua la denuncia per *stalking* lo ha fatto dopo aver cercato di sottrarsi con il dialogo o con altre forme di difesa legale. Ci sono poi persone che temono di denunciare per *stalking* per le conseguenze che ciò potrebbe recare a se stessi e agli altri, in quanto come minimo si tratta di produrre ancora più odio reciproco, di distruggere l'altro che si comprende essere psicologicamente problematico e di spendere troppo tempo e soldi tra burocrazia e avvocati. Purtroppo giornalisti e show televisivi non fanno altro che esortare a denunciare e ben pochi parlano invece dell'importanza di creare nel territorio, non tanto e non solo centri antiviolenza, ma quanto meno centri antiviolenza capaci di fornire non solo assistenza centrata sul piano legale, ma anche efficacemente psicologica, ad entrambi i partner. In generale si tende a spaventare l'opinione pubblica senza una vera riflessione con finalità scandalistiche e di audience ed ogni attenzione viene portata sulle possibilità di effettuare denunce e di esasperare sempre di più le pene, così che passi in secondo piano il fatto che le persone che non possono permetterselo non possono usufruire di alcun servizio di assistenza psicologica per mitigare i conflitti di coppia, monitorarli e così prevenire eventuali evoluzioni pericolose. Soltanto quando il problema della violenza nella coppia ed in particolare verso la donna verrà affrontato con una giusta integrazione tra strumenti e servizi legali ed assistenza psicologica (anche a quegli uomini la cui rabbia e frustrazione potrebbe sfociare in atti violenti) vi potranno essere risultati positivi importanti. Invece l'esasperazione degli aspetti legali e criminologici senza la giusta integrazione con l'assistenza psicologica sta provocando tensioni e confusioni ad un punto tale da far ipotizzare che il fenomeno della violenza nella coppia stia peggiorando, e che certamente in parecchi casi si è manifestata proprio perché non sono apparse alternative alla prevenzione e alla gestione di un conflitto di coppia se non per vie legali e di pubblica sicurezza.

Va ancora aggiunto che a causa dell'informazione sbagliata e spesso purtroppo persino manipolatoria con finalità evidentemente speculative, le persone credono che in certi casi e per prevenzione l'unico strumento legale sia la denuncia per *stalking*. Ma spesso non sanno che si tratta di una denuncia che solo raramente si può ritirare e quel che è peggio, non sanno che il soggetto denunciato non sarà informato, in quanto il PM (Pubblico Ministero) deve accertarsi dei suoi comportamenti a sua insaputa. Insomma si viene a creare una situazione ove non è più possibile alcun intervento psicologico di mediazione e lo *stalker*, vero o presunto, potrà continuare ad effettuare molestie vere e proprie o solo continuare a cercare il partner al fine di ottenere un chiarimento. Ciò peraltro è considerato di per sé una molestia, e comunque dato che le indagini sono in corso il partner denunciante dovrà rifiutarsi ogni chiarimento, anche qualora ne intravvedesse la necessità psicologica, e per quanto ciò possa essere consigliabile da parte di un mediatore di coppia o da uno psicoterapeuta esperto.

Quello che tanta informazione non dice o non vuol dire è che esiste anche l'**"ammonimento"**[5], quale forma legale per intimare un ex-partner molestatore di smetterla, e alla quale potrebbe poi – in caso di recidiva - seguire una denuncia per *stalking*.

---

[5] Il seguente passo tratto dal sito www.casadelledonne-bs.it spiega cosa è l'ammonimento in quanto strumento alternativo ed eventualmente antecedente alla denuncia per *stalking*: «La persona offesa può esporre i fatti all'autorità di pubblica sicurezza avanzando richiesta al Questore di ammonimento nei confronti dell'autore della condotta maltrattante o di stalking: "La richiesta viene trasmessa al questore, il quale assunte se necessario informazioni dagli organi investigativi e sentite le persone informate dei fatti, ove ritenga fondata l'istanza, ammonisce oralmente il soggetto nei cui confronti è stato richiesto il provvedimento, invitandolo a tenere una condotta conforme alla legge e redigendo processo verbale. Copia del processo verbale è rilasciata al richiedente, l'ammonimento al soggetto ammonito[...]"».

Dispiace dover osservare come l'informazione mediatica sia spesso orientata allo scandalismo e tenda a dirottare soltanto sul piano dei 'delitti e delle pene' quello che è un problema di natura psicopatologica e culturale e che andrebbe affrontato innanzitutto in termini di assistenza e mediazione psicologica, salute pubblica ed educazione.

Ora rivolgiamo la nostra attenzione non più su come difendersi da un effettivo stalking vampirizzante, ma su come la denuncia per *stalking* possa diventare essa stessa una forma di **'stalking giudiziario'** da impiegarsi a scopo persecutorio e punitivo del partner vampirizzato.

Trovare ogni pretesto per litigare, anche al fine di evitare chiarimenti e confronti leali, serve al vampiro/a per sentirsi dominante e per devastare la relazione. Inoltre le provocazioni servono spesso per generare nel partner un'esasperazione che lo porti a 'passare dalla parte del torto', cioè ad una reazione difensivo-aggressiva inconsulta, persino eventualmente fisica, per la quale poi lo si possa mettere sotto accusa. Sempre più spesso si riscontra che accuse e denunce per reati di *stalking* o per molestie si verificano in seguito a provocazioni subdole e infide messe in atto dal denunciante, che può avere perfino creato vere proprie trappole per produrre prove. Ad esempio il/la vampiro/a fa indirettamente sapere che si sta per mettere in atto un tradimento, oppure lo fa deliberatamente scoprire, oppure promette di andare in vacanza insieme e poi sparisce, e così via tanti altri inganni ed atti abbandonici, intrisi di umiliazioni, volti o a far deprimere il partner o a fargli perdere il controllo, così da indurlo a fare una scenata, a pronunciare insulti e minacce, o ad adottare comportamenti che poi possono essere denunciati in quanto molestie o *stalking*. Nel caso di coppie che sono in una fase di separazione o divorzio, e ancor più se ci sono figli, la persona con tendenze narcisistico/borderline dispone di ancor più ampie possibilità per attuare ricatti, dispetti e provocazioni volti non solo alla manipolazione, ma proprio a far perdere il controllo al partner, il quale anche a causa di una reazione lieve, può poi essere denunciato con gravi accuse ed essere ulteriormente ricattato.

Una forma tipica di provocazione che può indurre un partner ad uno stato di traumaticità è la **minaccia abbandonica** reiterata alla quale segue il cosiddetto *ghosting*, che dall'inglese vuol dire 'diventare un fantasma', cioè sparire improvvisamente, rendersi assolutamente irraggiungibile, né per telefono, né via e-mail e né presso qualche indirizzo domiciliare o lavorativo, e ciò nonostante si sia stati insieme per molto tempo. E' come provocare nel partner abbandonato uno straziante senso di morte, che lo spinge a cercare in ogni modo il *ghoster*. Tali disperate ricerche - lasciando messaggi, scrivendo, recandosi in luoghi di lavoro e di studio o presso parenti e amici per avere notizie - potranno essere evidenziate come prove d'accusa di *stalking*.

ATTENZIONE! Il/la vampiro/a *ghoster* potrebbe inoltrare la denuncia/querela appena saprà delle prime ricerche che il partner effettuerà e alle quali non darà risposta con il preciso obiettivo di farlo cogliere in flagrante! Infatti al denunciato per *stalking* non verrà data alcuna informazione circa la denuncia a suo carico se non dopo alcuni mesi. Questo perché il procedimento, di cui già abbiamo fatto cenno, vuole che PM (Pubblico Ministero) abbia la possibilità di effettuare indagini ad insaputa del denunciato per verificare se effettivamente insiste nel voler contattare l'ex-partner *ghoster*. In quei mesi in cui senza saperlo si è sotto indagine la persona in preda ad una disperata ricerca del partner 'scomparso', dopo essere stata vampirizzata e abbandonata nella forma *ghosting* appunto, sarà spinta a fare di tutto per rintracciare il/la vampiro/a fantasma, al fine di ottenere almeno un qualche chiarimento per lenire il dolore che gli ha dilaniato il cuore... ma a causa di ciò le indagini potranno confermare l'effettiva sussistenza del reato di *stalking* e quindi avviare al processo con notevoli percentuali di condanna (laddove spesso gli avvocati difensori consigliano di ammettere le proprie 'colpe' e scegliere la via del patteggiamento). Del resto il *ghoster*/vampiro denunciante avrà avuto modo di diffamare l'ex-partner dicendo a conoscenti, amici e parenti di temere per le reazioni di quest'ultimo che avverte come minacciose e ascrivibili allo *stalking*. Sarà dunque facilissimo ottenere la testimonianza di qualcuno che, anche in buona fede, potrà dichiarare di aver visto il supposto stalker – cioè un povero vampirizzato/a - nei pressi dell'abitazione della supposta vittima – ovvero il vampiro/a. E il gioco è fatto!

Come si vede le liti nell'ambito di dinamiche amorose vampirizzanti possono finire molto male, in tribunale ed anche peggio (ovvero in ospedale...) con il risultato che sarà sempre il vampirizzato/a a pagarne tutte le conseguenze, sotto il profilo della salute, della sua immagine e dei danni pecuniari.

Vendette psicologiche trasversali

Il bisogno patologico di devastare la relazione e di ferire la persona dalla quale si riceve amore - nonostante la si abbia sedotta per riceverlo, la si continui a sedurre, oppure addirittura, ancora dopo averla abbandonata - è un modo inconscio di vendicarsi per interposta persona, cioè sul partner, di torti affettivi subiti nell'infanzia, in particolare dai genitori.

Ora, moltissime persone hanno avuto una vita affettiva famigliare difficile, carenziale, complicata, se non propriamente disturbata e traumatica, ma non tutti nella vita adulta trasformano 'per vendetta trasversale inconscia', una relazione amorosa in un inferno a spese di chi li ama ed hanno voluto fare innamorare. Questo modo di sfogare sul partner il proprio complesso inconscio irrisolto può condurre ad una relazione caratterizzata da un vero e proprio stillicidio di dispetti, provocazioni, cattiverie, fino ad atti più gravi e di particolare crudeltà. Ma per quanto il 'complesso' soggiacente a tale distruttività relazionale sia inconscio, non possiamo considerare i vampiri amorosi soltanto come dei malati che – poveretti – agiscono così perché sono malati. E' pur vero che hanno un disturbo che muove dall'inconscio, ma è anche vero che sono in grado di intendere e di volere e quindi molto spesso diventano coscientemente negativi, con finalità egoistiche, opportunistiche e di sfruttamento degli altri, ed in modo specifico del partner. Essi pertanto sono sia colposi, (cioè sono responsabili di una condizione dannosa per il partner, ma non lo fanno apposta e con premeditazione) e sia recidivi, premeditati e dolosi (cioè si comportano male per una loro volontà egoistica e di sopraffazione).

Come si vede la sfera psicologica e psicopatologica si apre a quella etica, morale ed anche criminologica[6]. Per tali soggetti, con problematiche più o meno marcate nella sfera erotico/affettiva, il 'dare amore' non riesce a diventare un'esperienza di pace e di felicità (per quanto complessa e contraddittoria), e per questo l'amore si converte patologicamente in odio e comunque in una ingestibile e destabilizzante ambivalenza amore/odio.

In tal senso è sbagliato considerare certi partner disturbanti soltanto come carnefici in quanto sono anche vittime di se stessi, condannati a vivere l'amore nell'invidia, nel rancore e nel bisogno di trasformarlo in odio. Del resto molte dinamiche di coppia disturbate prevedono un continuo scambio di ruoli tra vittime e carnefice, così che i due partner si feriscono l'un l'altro in un clima di perenne litigiosità ed astio. Ma il/la vampirizzato/a non è mai una 'vera vittima', perché nel suo intimo ha bisogno della sfida con il vampiro, venendosi a creare quel sottile gioco tra vittima e carnefice, nel quale da due diversi punti di vista l'uno vuol dominare l'altro. Del resto, come narra la leggenda meglio essere vampirizzati che vampiri, infatti i primi sono guaribili, ma i vampiri no, perché sono molto più gravi (in tal senso i vampiri sono già intrinsecamente puniti)... Eppure bisogna sempre avere speranza che tutti trovino una via di guarigione affinché l'amore possa sempre e comunque vincere sull'odio, anche nelle persone più negative.

Con questo capitolo abbiamo concluso le riflessioni sulle tre aree

---

[6] Si vedano le ricerche della criminologa Cinzia Mammoliti, in particolare *Serial Killer dell'Anima*, Edizioni Sonda, 2012.

fondamentali introdotte nel primo capitolo: *tenerezza, sessualità, conflitto e negoziazione*, che ci consentono di inquadrare quanto e in che modo una dinamica di coppia possa essere considerata lungo un *continuum* cha va da una problematicità relativamente normale fino ad una evidente vampirizzazione patologica.

Nel seguente capitolo esamineremo alcuni concetti di base per inquadrare i comportamenti distruttivi e vampirizzanti della vita amorosa nel *continuum* dei disturbi affettivi afferenti al narcisismo patologico e ai tratti di personalità borderline, nonché ad altri quadri complessuali.

Consigli

1) Ricordati che i litigi pretestuosi hanno il solo scopo di provocare per creare un clima angoscioso. Non c'è niente veramente da chiarire, perciò la cosa migliore è cercare di restare imperturbabile, di lasciarseli scivolare addosso e di evitarli.

2) Non si può vivere per sempre con la minaccia di continui litigi pretestuosi, subendo provocazioni e angherie. Se ti sforzi di accettare tutto ciò è segno che hai un problema di attaccamento disturbato, è questo che devi risolvere, e non ostinarti a risolvere una relazione con un partner con modalità relazionali disturbate e disturbanti.

3) Non accettare le provocazioni, mantieni il controllo emotivo. Ricordati che ogni tua reazione disequilibrata sarà usata in ogni modo contro di te.

4) Non credere che un vampiro/a amoroso possa averla sempre vinta e che avrà una vita bella e felice dopo aver distrutto la tua. Non è così, tu sei capace di amare, e se credi in questo e ti impegni ad un percorso di cura del tuo attaccamento disturbato che ti ha indotto ad una relazione vampirizzante, potrai riscoprire un amore più autentico e felice. Invece chi vampirizza amorosamente è condannato a fare i conti con se stesso in un processo ben più pesante, e se non lo farà non proverà mai la felicità di amare e di essere amato, e questo è già di per se stesso una grave punizione, indipendentemente dal fatto di quanto se ne possa rendere conto... Ma prima o poi sarà costretto a guardarsi dentro ed allora dovrà lottare con un vampiro interiore veramente mostruoso. Se vincerà allora capirà il male che ti ha fatto e ciò lo farà pentire e desiderare di chiederti scusa. Ciò sarà un bene perché vuol dire che alla fine ha vinto l'amore, ma se in lui/lei ciò non dovesse avvenire, l'importante è che avvenga in te.

VI. NARCISISMO/BORDERLINE: DIFFERENZE, CONCOMITANZE ED ALTRI TIPI VAMPIRIZZANTI...

Ossessioni diagnostiche

Il bisogno di individuare una diagnosi sul perché dei comportamenti negativi di un partner è comprensibile, sebbene in certe persone ciò generi una specie di ossessione diagnostica. E' sempre sbagliato considerare la diagnosi solo come un'etichetta psichiatrica, ovvero con una classificazione generale con la quale bollare una persona. Come sempre insistiamo a ricordare che le terminologie diagnostiche come narcisista patologico, borderline o altre sono cornici per avere un inquadramento, ma ogni quadro è un dipinto diverso, ed è quello che si deve analizzare per 'farsene una ragione', che veramente aiuti a mettere in luce non solo che tipo di patologia potrebbe avere un partner, ma a quale tipo di dinamica disturbata può riferirsi la propria sofferenza amorosa. Perciò, seppure risulti evidente l'attribuzione di un quadro patologico al partner, si deve avere il coraggio di individuare anche in se stessi quei complessi e quelle predisposizioni che hanno indotto ad un attaccamento disturbato.

Oggi grazie ad Internet e ad una generale divulgazione dei linguaggi della psicologia e della psichiatria, da una parte si può meglio approfondire, ma da un'altra parte, come abbiamo più volte evidenziato, si possono trarre conclusioni errate, fuorvianti e, per quanto corrette sterili e insoddisfacenti.

Cerchiamo allora di offrire un conciso chiarimento sui concetti psicodiagnostici più impiegati a riguardo delle dinamiche amorose disturbate, e cioè quelli relativi a stili di personalità borderline e al narcisismo patologico.

Stili borderline

Partiamo dal termine **'borderline'**; esso ha un senso molto ampio è sta ad indicare uno stato più o meno acuto, cronico o transitorio, per cui una persona ha un rapporto con la realtà in parte distorto, proprio nel senso che si trova spesso sul 'bordo' (perciò si parla anche di **'casi al limite'**), tra uno stato nevrotico e uno stato psicotico (a vari livelli di gravità). Ricordiamo che la **nevrosi** è molto comune e corrisponde ad un malessere psicologico che non va a deformare la visione della realtà, per cui i conflitti interiori e relazionali, le contraddizioni, vengono percepiti in modo coerente con il **'principio di realtà'**. Si è quindi consapevoli dell'assurdità di una situazione o del proprio stato interno, e tuttavia non si riesce a uscirne. Ad esempio ci si rende conto che è assurdo non riuscire a prendere l'ascensore, però non se ne conoscono le ragioni profonde e si rimane comunque bloccati in questa paura (non nell'ascensore...). La **psicosi** invece, quanto più è grave tanto più tende ad allontanarsi dal principio di realtà, per cui la persona si autoconvince che certi atteggiamenti, comportamenti, situazioni per quanto possano essere contraddittori, assurdi e inaccettabili, abbiano un loro perché (follemente logico) e quindi una loro validità. Oppure la psicosi porta a rendersi conto che la propria percezione della realtà è distorta, ma senza poter riuscire ad effettuare un sufficiente 'esame di realtà'. Le psicosi gravi e gravissime possono portare anche ad allucinazioni (visive, uditive, tattili), a stati maniacali e deliranti, mitomaniacali e a deliri di grandezza (megalomanie) o di persecuzione (paranoia). Ma nel caso di una condizione borderline si tratta di una psicoticità molto più sottile, larvata e transitoria, che si innesca su una nevosi, quindi su conflitti e complessi interni dei quali il soggetto si rende conto. Quando non si manifesta in modo acuto la condizione borderline non appare in modo evidente. Il soggetto perciò è in grado di gestire le relazioni e di avere una vita normale. Tuttavia il disturbo si manifesta in modo acuto nell'ambito famigliare e nel contesto delle relazioni affettive. Ciò si caratterizza per una fortissima ambivalenza tra sentimenti di amore e sentimenti di odio, in un vortice di attaccamento quasi maniacale, fino alla gelosia più marcata, e con condotte al contrario che sono rifiutanti, svalutanti, distruttive e abbandoniche. Tuttavia dobbiamo subito specificare che tali stati d'animo e comportamenti non sempre possono essere riportati ad un vero e proprio disturbo di personalità borderline, ma anche ad una condizione complessuale nevrotica che finisce con il determinarli (perciò in generale preferiamo impiegare il concetto di **stile borderline**).

Ad un esame più attento si noterà che una persona – a causa di un disturbo di personalità o di altri complessi e problematiche - si comporta in modo tendenzialmente o fortemente borderline quanto più è convinta che la massima *non fare agli altri ciò che non vorresti fosse fatto a te* per lui o per lei non vale, o almeno che va abbondantemente corretta *pro domo sua*. Ecco allora che tale persona può sentirsi legittimata ad imporre logiche e a rivendicare diritti che poi sono soprusi. La sfera dei sentimenti si deforma con forti oscillazioni tra amore e odio, lo stato dell'umore cambia per questioni spesso effimere o per una lettura della realtà interiore e/o esteriore deformata, e che il partner dovrebbe condividere e accettare per non subire aggressioni e minacce. Mentre nella nevrosi le forme depressive e di ansia vengono gestite con la richiesta di aiuto e con la ricerca di una qualche soluzione realistica, nella dimensione borderline esse si manifestano in senso ora estremamente lamentoso e ora minaccioso e aggressivo.

Nella dimensione riferibile ad uno 'stile borderline' (cioè come disturbo di personalità o come condotta disturbante dovuta ad un complesso nevrotico) un partner può essere visto ora come un angelo e ora come un diavolo, questo cambiamento può avvenire entro pochi istanti, ed è caratterizzato da continue oscillazioni, ad esempio nella stessa giornata, oppure nell'arco di una settimana. Perciò la persona con uno 'stile borderline' induce il partner a vivere in uno stato di continua tensione e altalena emotiva, la quale si esaspera in quanto proprio mentre la situazione sembrava piacevole, consentendo di rilassarsi e abbandonando le difese, si viene colpiti con offese, rifiuti e svalutazioni.

Quindi l'etichetta "borderline" viene impiegata per diagnosticare disturbi e tratti di personalità, ma anche complessi nevrotici e condotte che si traducono in pensieri, emozioni e comportamenti aggressivi (anche autolesivi) accompagnati da attaccamenti affettivi disturbati, estremamente ambivalenti - amore-odio, paura dell'abbandono e insieme comportamento abbandonico. Ciò può in certi casi indurre anche a condotte orientate all'uso di sostanze psicogene (droghe, psicofarmaci, alcool) e alla promiscuità sessuale, nonché ad una dimensione lavorativa disorganizzata e spesso insoddisfacente e infruttuosa (e quindi anche ad una condizione reddituale che tende ad essere parassitaria rispetto alla famiglia d'origine, così come nella coppia).

Tutti abbiamo delle contraddizioni, ma quando queste si esasperano e si vogliono far pagare ad altri allora si tende ad uno 'stile borderline' che può essere più o meno conclamato. Ad esempio tutti possiamo aver paura dell'abbandono, ma la personalità con uno 'stile borderline', per quanto non voglia ammetterlo o non lo riconosca, ha una folle paura dell'abbandono al punto di adottare comportamenti che mirano a distruggere la relazione, e ciò come patologica strategia preventiva affinché non sia la relazione a distruggerla e non si possa prima o poi essere abbandonati dal partner. Perciò tende a creare un clima di costante minaccia abbandonica verso il partner, come dire che "la miglior difesa è l'attacco" e "ti abbandono prima che tu possa farlo". Nello stesso tempo la persona con 'stile borderline' si tormenta perché non riesce mai a capire cosa prova per l'altro, in preda alle continue oscillazioni tra amore, odio e indifferenza. Di questo suo stato tende a dare la colpa all'altro, come se questi avesse in qualche modo avuto la perniciosa e subdola capacità di costringerlo entro una relazione disturbata. Il partner viene usato come banco di prova o cavia per fare i propri esperimenti di attaccamento disturbato e disturbante.

E' molto doloroso avere una relazione amorosa con una personalità dallo stile borderline in quanto le sue continue oscillazioni affettive generano una sensazione da terrificanti 'montagne russe' dalle quali non si riesce mai a scendere...

Complessi vampirizzanti

Abbiamo già accennato al fatto che uno 'stile di personalità border-line' può dipendere non tanto da un vero e proprio disturbo di perso-nalità, ma da una complesso inconscio nevrotizzante che condiziona una persona a comportarsi in modo ambiguo e disturbante entro una relazione amorosa.

Ad esempio una persona che ha subito una vampirizzazione in una precedente relazione, o nell'ambito della famiglia, o anche a causa di una situazione lavorativa mobizzante, può poi determinare dinamiche ambigue e disturbanti in stile borderline nella relazione con il nuovo partner. Come dice la leggenda i 'vampirizzati' tendono a diventare a loro volta vampiri, e per sfatare questo pericolo bisogna assolutamen-te che ritornino alla normalità. Quindi, nel contesto della nostra meta-fora possiamo dire che **non solo si può essere vampirizzati dai vampiri, ma anche dai vampirizzati,** tanto più quanto essi sono in-consci di esserlo o di esserlo stati e non hanno curato la loro ferita dissanguata.

Purtroppo la dinamica di coppia determinata da una personalità con stile borderline, che si tratti di 'vampiro/a o di vampirizzato/a, è co-munque deleteria e, per quanto il partner che la subisce si sforzi di terapizzarla con il suo amore e disponibilità, solo in casi rarissimi vi possono essere miglioramenti. Quasi sempre permane una clima di-sarmonico in quanto la relazione essendo il terreno stesso della dina-mica affettiva ammalata, senza alcun aiuto terapeutico esterno non può trasformarsi nel terreno della rifioritura e del raccolto.

Perciò in caso di dinamiche e tensioni borderline nella coppia, en-trambi i partner avrebbero bisogno di un supporto psicoterapeutico individuale e/o di coppia. Sia chi sopporta le tensioni a causa di un attaccamento disturbato e sia chi le determina a causa di uno stile di personalità borderline. Entrambi dovrebbero avere la possibilità al di fuori della coppia di migliorare la conoscenza di sé ed evolvere in una modalità di relazione più equilibrata.

Come abbiamo già osservato oggi le diagnosi basate solo su una etichetta o classe di disturbi vengono spesso formulate da persone inesperte o sulla base di manuali e siti internet. Di solito ciò avviene nel seguente modo: si legge una lista di comportamenti e modi di essere disturbati, quindi si vede quali di questi possono essere attribuiti alla persona da diagnosticare. Qualora diversi punti sembrano effettivamente corrispondere , allora ecco che la persona viene incasellata come borderline, narcisista o quant'altro. A parte il fatto che ciò è comunque è estremamente riduttivo perché la natura delle problematiche è sempre estremamente soggettiva, molto spesso non si considera che quegli stessi disturbi e comportamenti potrebbero essere riferiti a quadri complessuali e a situazioni interpersonali che non riguardano quel dato disturbo di personalità o quella data psicopatologia, ma ad un quadro problematico e nevrotico che può avere una sua natura del tutto specifica. D'altra parte anche i sintomi di molte malattie fisiche possono essere gli stessi nel caso di una malattia lieve, seria o grave, così che spesso andando a cercare una diagnosi su internet ci si può spaventare nello scoprire, ad esempio, che un proprio mal di pancia potrebbe riferirsi ad una indigestione come ad altre disfunzioni assai serie.

Tutto questo per ricordare ancora una volta che non è mai bene fissarsi su una interpretazione diagnostica, e che quando ci si cimenta nel 'fai da te', bisogna prendere ogni informazione con cautela, rielaborarla con l'aiuto di uno specialista, o comunque riportarla ad un quadro interpretativo riferibile al buon senso, ad una qualche saggezza tradizionale e ad una propria ragionevolezza ed intima sensibilità.

Narcisismo patologico e non...

Veniamo ora al concetto di 'narcisismo'. Con questo termine, elaborato per la prima volta da Freud (in riferimento al mito di Narciso) in senso psicoanalitico e in riferimento alla psicologia neonatale ed infantile, si intende l'investimento amoroso primario che il neonato compie su se stesso. Egli ama se stesso nella misura in cui conosce solo se stesso e il suo prolungamento verso il mondo, che percepisce nella figura della madre e soprattutto nel suo seno nutritivo. Un po' alla volta l'infante recepisce che c'è un essere che è altro da lui, pertanto riconosce la figura della madre come una persona separata e diventa quindi in grado di relazionarsi ad essa. Ma questo processo non è così semplice e chiaro e può essere ostacolato o deformato per moltissime problematiche relative all'attaccamento tra madre e bambino, le quali possono derivare da difficoltà e disturbi della madre, dalla situazione famigliare o anche da fattori costituzionali del bambino stesso, o un insieme di tutte queste cose. Si badi che questa sintesi sull'evoluzione della problematica narcisistica può essere analogamente considerata anche rispetto alla problematica borderline sopra trattata. Vedremo infatti come si stia parlando di due problematiche che pur nelle loro differenze sono convergenti e per certi aspetti anche congruenti per quanto attiene alle dinamiche di coppia vampirizzanti.

Come ha investigato la psicoanalisi, sin dalle prime fasi di vita possono insorgere i presupposti per lo sviluppo nella vita adulta di disturbi dell'attaccamento amoroso, relativi alla ferita narcisistica e agli stili di personalità narcisistici e borderline.

Se il bambino sviluppa una dipendenza non sufficientemente affidabile nella relazione con il materno e spesso poi anche all'interno della famiglia, tenderà a percepire le relazioni affettive come qualcosa di potenzialmente pericoloso, da cui difendersi finanche con comportamenti aggressivi o maladattivi. Ma non solo la famiglia può essere originariamente responsabile di una distorsione narcisistico/borderline delle relazioni affettive, vi possono essere tendenze innate ed inoltre condizionamenti derivati dalla società e dalla scuola nella misura in cui non c'è attenzione per l'educazione al benessere psicologico e all'autenticità (secondo il concetto formativo espresso in tedesco come *bildung*).

Il bambino e poi l'adolescente non sentendosi compreso rispetto alle sue esigenze affettive e di affermazione narcisistica positiva, cioè dei suoi desideri e di ciò che ama, sviluppa una 'ferita narcisistica' (su cui ci soffermeremo ancora nell'ultimo paragrafo del presente capitolo) che lo rende insicuro, diffidente, chiuso in se stesso, remissivo, con una bassa autostima.

Oppure al contrario, un bambino che ha un vissuto analogo potrebbe invece rispondere sviluppando un eccesso di narcisismo, e quindi diventare tendente alla manipolazione finanche a sviluppare un patologica attitudine alla dominazione distruttiva nelle relazioni affettive.

Sia nel caso della ferita narcisistica (basso narcisismo) o di eccesso narcisistico (narcisismo patologico) possono insorgere comportamenti di tipo borderline, e quindi autolesivi, con sviluppo di tossicodipendenze e condotte maladattive e più o meno antisociali, e quindi una forte ambivalenza di amore e odio verso uno o entrambi i genitori. Ma non è detto che le problematiche narcisistiche per difetto o per eccesso vengano espresse con comportamenti abnormi o evidenti. Le turbolenze possono essere racchiuse dentro se stessi e si può sviluppare una 'facciata' che appare conforme alle norme e ad obiettivi di successo.

Anche la personalità tendente al narcisismo patologico cova in sé una ferita narcisistica, ma reagisce sviluppando un eccesso patologico di narcisismo volto a conquistare un'immagine di sé che deve apparire sempre vincente, potente e seduttiva, anche attraverso proiezioni mentali e condotte che facciano apparire gli altri come inferiori e manipolabili. In queste personalità si struttura una profonda diffidenza verso le relazioni affettive e si può fortificare la convinzione che esse non possono basarsi sul reciproco amore, ma solo sulla possibilità di essere più furbi e manipolatori, al fine di sfruttare l'altro, e quindi adoperandosi per risultare più seduttivi. Ciò rende i narcisisti patologici particolarmente affascinanti, in quanto per sedurre le studiano tutte, e da bravi 'venditori di se stessi' si vendono innanzitutto a se stessi, imponendosi una sorta di culto e di autoidolatria della propria immagine, sempre attenti ad apparire all'insegna del successo e della piacevolezza. Tuttavia si adoperano anche di apparire tristi, preoccupati persino deboli e indifesi se ciò può suscitare nell'altro sentimenti compassionevoli dai quali ricavare un surplus di affetto e fiducia. La seduzione manipolatoria diventa il modo con cui dimostrano a se stessi di avere potere sugli altri. Ottenere l'amore e l'ammirazione di qualcuno diventa una speciale possibilità di penetrare nelle sue debolezze e sopraffarlo in modo da potersi sentire più potente. Tuttavia all'inizio della relazione non si sentono ancora sicuri di averla narcisisticamente in pugno, perciò temono che la loro immagine possa vacillare, e che vengano scoperte le loro debolezze. Ecco allora che per una strategia quasi istintiva potremmo dire, incominciano non tanto a nascondere le proprie debolezze, ma a mostrarle come segno della loro innocenza e bontà, ovvero come testimonianza di incomprensioni e ingiustizie subite e quindi poi, successivamente, di un loro diritto ad ottenere ciò che vogliono ad ogni costo, ad essere compresi e accettati con tutte le loro contraddizioni e ambiguità. Ecco che inizia quella relazione tormentosa per cui una persona con attaccamento disturbato – dovuto ad una ferita narcisistica non curata e che non ha adottato una compensazione in termini di narcisismo patologico – incomincia ad amare un narcisista patologico credendo di poterlo aiutare e nutrire con il suo amore. Invece il narcisista patologico – il quale per curare la sua ferita narcisistica è diventato tale - finisce con il considerare l'amore dell'altro come una ulteriore possibilità di fortificare il proprio narcisismo patologico e quindi con tale prospettiva inizia la sua opera di vampirizzazione. L'amore del partner non è una fonte di reciprocità che dà la gioia di dare e di ricevere, ma una ferita aperta a cui abbeverarsi per nutrire il proprio patologico bisogno di potere, al fine di sostenere un Io che, soltanto nei rari momenti più riflessivi viene riconosciuto, sotto la maschera, nella sua effettiva impotenza e fragilità.

Stili borderline e narcisismo patologico: differenze e convergenze

Come abbiamo più volte osservato la sfera dei disturbi affettivi riguarda sia il narcisismo patologico e sia gli stili di personalità borderline. Entrambe queste condizioni sono derivabili da un disturbo di attaccamento e da una ferita narcisistica che ha avuto la sua origine primaria in una relazione carenziale o disturbata con il materno e comunque reiterata all'interno della famiglia. Entrambi mirano a considerare la relazione affettiva come un'opportunità che bisogna manipolare e sfruttare. Entrambi perciò non si sentono mai davvero soddisfatti di una relazione amorosa, per quanto il partner sia effettivamente da loro stato prescelto e faccia di tutto per offrire loro una più serena reciprocità amorosa. Allora entrambi iniziano a provare invidia e odio distruttivo verso il partner, e devono quindi punirlo e servirsene come preda che accetta di prostrarsi per edificare il loro falso e patologico potere.

Le differenze essenziali tra narcisismo patologico e stile borderline sono riferite al fatto che il primo appare meno sintomatico e più in accordo con se stesso, cioè *egosintonico*, mentre il secondo, al contrario, è più sintomatico, e con più evidenza in conflitto con se stesso oltre che con il partner, ed è perciò tipicamente *egodistonico*. Ma nell'uno – il narcisista patologico - possiamo trovare anche l'altro – il borderline - nei seguenti termini: il narcisista patologico è un borderline che è riuscito ad attivare un'autostima per la sua immagine, per cui manifesta meno il suo disturbo, ma lo cova in modo più subdolo; invece il borderline è un narcisista patologico arrabbiatissimo perché non si sente mai sicuro della sua affermazione narcisistica dominante, perciò si controlla meno e le sue contraddizioni ed i sintomi sono più palesi, se non che questo lo rende meno subdolo ed è quindi più facile smascherarlo. In entrambi i casi è ovvio che non è una bella cosa cadere in una relazione amorosa con chi ha tali evidenti disturbi relazionali e con se stesso.

La persona con stile borderline tenderà a provocare nel partner con ferita narcisistica un destabilizzante disorientamento fino alla traumaticità, in quanto questi non comprenderà mai se è amato oppure no, e quindi vivrà nel timore del costante bello e cattivo tempo, senza mai avere un riparo o poter prendere un provvedimento. Ciò porterà ad un'inesorabile deterioramento traumatico dei sentimenti pervasi da una plumbea ed infernale oscurità.

Invece la personalità afferente al narcisismo patologico tenderà a svelare la sua maschera con gradualità, verso un abbandono finale distruttivo che avverrà dopo aver dissanguato il partner fino all'ultima goccia... come una persona adorabile e affascinante che con una lentezza terrificante e inarrestabile si leva la maschera per svelare un essere mostruoso, ovvero un vampiro/a erotico-affettivo.

Ferita narcisistica

Come ormai sappiamo una persona che finisce con l'accettare la vampirizzazione 'per amore', è in realtà in preda ad una nevrosi inquadrabile entro una modalità di attaccamento disturbato dovuta ad una 'ferita narcisistica' non curata (ma per fortuna non compensata patologicamente con il risultato di acquisire uno stile patologico di personalità di tipo narcisistico/borderline).

Si parla quindi di **'ferita narcisistica'** in quanto vi è una carenza di amore per se stesso, accompagnata da un latente senso di colpa che disturba l'autostima e fa considerare se stessi come estremamente bisognosi di amore e, per qualche incomprensibile ragione, incapaci di ottenerlo. Ma la cosa strana è che invece di attaccarsi amorosamente a qualcuno sufficientemente capace di relazione amorosa, si tende ad essere preda di dinamiche amorose vampirizzanti. Addirittura può capitare che all'inizio di una relazione, il partner prescelto appaia abbastanza equilibrato, ma paradossalmente ciò non induca ad una forte passione, tuttalpiù ad una sensazione di tiepido interesse, se non perfino ad un senso di noia e di distacco. L'assurdo è che un forte coinvolgimento passionale si sviluppa proprio quando il partner si rivela essere un vampirizzante tormentatore.

In una misura notevole e ingiustificata, la persona con ferita narcisistica non curata è portata a credere che il partner tormentatore sia diventato negativo a causa di una propria inadeguatezza, e quindi di una propria incapacità a farsi amare, magari per un qualche proprio difetto fisico o caratteriale, o per una propria condizione sociale. La persona con ferita narcisistica e conseguente attaccamento disturbato si convince che l'altro diventa cattivo e rifiutante perché ha intravisto in essa qualcosa di brutto o che allontana. Quel partner che appare come sempre più vampirizzante, non viene respinto, ma viene invece tenuto in ogni modo legato a sé, nel tremendo timore che la sua negatività derivi da una propria difettosità, e che quindi egli o ella potrebbe rendere felice qualcun altro più potente, bello e affascinante.

Per quanto siano evidenti i comportamenti assurdi dell'altro, e la sua mutazione da amante pseudo-perfetto a tormentatore vampirizzante sia con tutta evidenza psicopatologica, incongrua, abnorme, si pensa che questa sia dovuta ad un proprio disvalore. Il partner disturbante allora si approfitta delle convinzioni distorte dell'innamorato/a con ferita narcisistica, al fine di 'succhiare da essa' un sangue psichico che gli serve a nutrire il suo narcisismo patologico e le sue disfunzioni borderline. Il paradosso patologico è che la persona con ferita narcisistica invece di essere attratta da persone relazionalmente più sane, si lega entro dinamiche vampirizzanti, come se il suo principale desiderio non fosse l'amore, ma fosse proprio la possibilità di trasformare la vampirizzazione in amore, cosicché avrebbe patologicamente dimostrato a se stessa di aver superato la propria ferita narcisistica. Non si tratta propriamente di una ricerca di sofferenza masochistica, si tratta invece di una semiconscia e contorta idea sbagliata per cui si crede che bisogna essere veramente amabili e potenti per far innamorare un vampiro, ed in questo desiderio di potenza volto a suturare la propria ferita narcisistica che rende deboli e insicuri, ci si incatena non tanto al vampiro, ma alla propria strenua volontà di sfidarlo, per farlo innamorare offrendogli il collo.

Si genera un circolo vizioso, ovvero una sorta di idrovora energetica devastante, dove la dinamica vampirizzante giunge ad esiti sempre più drammatici e traumatici per il vampirizzato/a. Ma anche per il/la vampiro/a alla lunga le cose non andranno affatto bene, infatti per quanto possa apparire indenne e addirittura sentirsi fiero della sua opera dissanguante, il suo disturbo è a sua insaputa diventato ancora più profondo e ancora più difficile da estirpare. Prima o poi la sua smania di trasformare l'amore in un'opportunità di potenza gli si ritorcerà contro pesantemente con un senso di desolante infelicità e di inguaribile frustrante impotenza, accompagnata da sintomatologie e da condizioni esistenziali particolarmente problematiche e dolorose.

Va poi ribadito quanto abbiamo già osservato, e cioè che anche una persona vampirizzata, e quindi con una ferita narcisistica aperta e non curata può a sua volta vampirizzare un partner. In alcuni casi la persona con 'ferita narcisistica' invece che curarsi o farsi vampirizzare finisce con il costruire una relazione finalizzata a guarire la propria ferita e quindi a considerare il partner come una sorta di donatore di sangue, che viene però ricattato in cambio di affetto, sessualità, sicurezza. Questi con tutta probabilità, e nella misura in cui cede e si ostina a fare da trasfusore sanguigno sotto ricatto affettivo del partner vampirizzato (ma non vampiro) ha a sua volta una ferita narcisistica occulta e non curata. Possiamo dire che chi si appresta a soccorrere amorosamente l'altro secondo l'immagine della 'crocerossina', e che quindi vuole aiutare un vampirizzato amoroso, deve prendere le sue preacauzioni per evitare di essere a sua volta vampirizzato.

Certamente un vampirizzato/a adotta modalità disturbanti e ambivalenti meno cruente e meno distruttive e dolose di quelle di un 'vampiro/a'; si tratta infatti di una persona molto spaventata a causa di una vampirizzazione subita e che tende ad irrigidirsi con resistenze e ambivalenze che impediscono il rinascere di una possibile equilibrata relazione.

Nel seguente Capitolo e nel Capitolo X parleremo dei sintomi e degli stati d'animo devastanti che si sviluppano durante e dopo una relazione amorosa vampirizzante.

Consigli

1) Le psicopatologie hanno una loro entità secondo un *continuum* che può riferirsi a quadri lievi, seri o gravi. Inoltre le problematiche psicopatologiche possono essere multiple e intersecarsi con altre complicazioni da individuarsi su diversi assi diagnostici e nel contesto delle condizioni soggettive anche sul piano sociale e della saluta fisica. Ma per quanto si possa inquadrare un caso soggettivo correttamente, per chi in qualche modo lo subisce o ne è parte in causa, non si tratta di capirlo solo con la logica e la terminologia scientifica, bensì con la sensibilità, l'intuizione, le sensazioni. Si tratta di acquisire una consapevolezza non solo relativa a test e a nozioni, ma anche *di pancia* e quindi di sensazioni rivelatrici e significative. Solo così la psiche produrrà una efficace risposta immunitaria e di guarigione.

2) Quando si è coinvolti una relazione traumatizzante è pressoché impossibile poter mantenere un punto di vista oggettivo, imparziale ed equilibrato. Anche se si dispone di grandi conoscenze teoriche e scientifiche che possono essere applicate correttamente, queste devono sempre essere sottoposte al vaglio di uno specialista.

3) Non pensare che un partner con uno stile di personalità narcisistico/borderline non ti abbia mai amato ed abbia solo e unicamente voluto sfruttarti e manipolarti. Non è così! Egli o ella ha avuto una relazione con te perché gli piacevi e secondo le sue possibilità ti ha anche amato, seppure in modo disturbato, a tratti, con estrema ambivalenza, con mille contraddizioni. Quello è il suo modo di relazionarsi affettivamente e non ne conosce altri e non ne conoscerà fino a quando non avrà una profonda trasformazione della sua personalità, cosa possibile, ma molto difficile e che non può derivare da altre relazioni con persone relativamente migliori di te, ma essenzialmente da un percorso terapeutico personale lungo e molto impegnativo.

VII. IL TRAUMA AMOROSO: SINTOMATOLOGIE E DISTURBI

Sindrome da vampirizzazione amorosa

Da un punto di vista sintomatologico abbiamo inquadrato un particolare tipo di Trauma amoroso denominandolo in ricerche precedenti e già citate **TdN** (le iniziali dell'ipotesi diagnostica che ho proposto come **T**rauma **d**a **N**arcisismo).

La gamma di disturbi e disfunzioni del TdN può essere riferita al DPTS (Disturbo post-traumatico da stress)[7].

Come abbiamo spiegato nel capitolo precedente il concetto di Narcisismo patologico nelle dinamiche amorose disturbanti deve intersecarsi con quello di stile di personalità Borderline, e con altre configurazioni complessuali e problematiche. Dunque possiamo intendere il TdN come una sindrome traumatica e post-traumatica che deriva da una relazione amorosa vampirizzante con un partner, il quale in misura maggiore o minore, tende a stili di personalità di tipo narcisistico/borderline, o a configurazioni complessuali che, per quanto non siano strettamente riferibili ad un 'disturbo di personalità, sono comunque disturbanti della sfera erotico/affettiva.

Come altre sindromi traumatiche, anche il TdN dà luogo a disturbi dell'umore (stati ansioso-depressivi) e disturbi neurovegetativi e psicosomatici di varia natura. Qui di seguito possiamo annoverare sinteticamente i disturbi e le problematiche psicocorporee che possono

---

[7] Sul DPTS, la letteratura è vastissima, qui ci limitiamo, come per altri concetti, a fornire un'indicazione bibliografica minima ed essenziale. Vedi: Van der Kolk, B. – McFarlane, A., – Weisaeth, L., *Stress traumatico. Gli effetti sulla mente, sul corpo e sulla società delle esperienze intollerabili*, 2007 Roma, Magi. Vedi anche Craparo, G., *Il disturbo post-traumatico da stress*, 2013 Roma, Carocci.

comparire in una sindrome da TdN:

- disturbi dell'umore a carattere ansioso depressivo, con stati acuti di vera e propria angoscia esistenziale (vedi il Capitolo X).
- calo dell'autostima; atti autolesivi; fantasie suicidarie: senso di impotenza, vergogna e di colpa.
- disturbi d'ansia afferibili all'attacco di panico e a fobie specifiche.
- disturbi del sonno e del ciclo sonno-veglia; disturbi dell'alimentazione;
- disturbi della sessualità (disfunzioni e ritiro della libido; parafilie e fantasie invasive perverse quanto ansiogene, con eventuali condotte sessuali compulsive);
- disturbi della concentrazione e della capacità di lavorare; tic nervosi; bruxismo (digrignare i denti); palpitazioni; tremori; iperidrosi (sudorazione da ansia).
- disturbi psicogeni (con sintomatologie di natura gastro intestinale e cardiocircolatoria)
N.B. *Si tratta di un quadro generico ed indicativo che , dal punto di vista strettamente medico deve essere verificato, ma che l'esperienza clinica in psicoterapia rileva per quanto viene espresso dai pazienti.*

Sul piano relazionale e comportamentale si riscontrano importanti o gravi difficoltà nelle relazioni famigliari, amicali e lavorative (vedi il Capitolo XIV); ansia costante che si accentua in presenza di stimoli che ricordano il trauma e che vengono evitati in modo fobico, o che , al contrario vengono ricercati compulsivamente, con l'obiettivo frustrato di poterli controllare e modificare.
Sul piano ideativo si sviluppano pensieri e atti autolesionistici, incluse fantasie suicidarie, maniacali e paranoidee in alternanza a stati depressivi e di rabbia impotente; fantasie di persecuzione e di fuga; incubi ripetitivi riferibili alla relazione affettiva e al partner traumatizzante.
Le condotte e lo stile di vita sono spesso distorte dall'abuso di so-

stanze psicogene e dalla tendenza ad una pesante 'automedicazione', attraverso psicofarmaci, calmanti di tipo fitoterapico, omeopatico o comunque considerabili propriamente come 'non psicofarmaci', ed eventualmente anche per mezzo di alcool e droghe, ed eccesso di tabagismo. A causa di tutto ciò, nonché dello stato ansioso-depressivo e stressante, vi può essere un pericoloso aumento della disattenzione nella guida di autoveicoli o nell'uso di macchinari con relativo incremento di rischi di incidente.

Nel contesto dei disturbi dell'umore, si esasperano gli stati disforici, la distimia e il crollo dell'autostima, perdita degli interessi, degli ideali e dei valori ritenuti importanti prima della relazione traumatica. Talvolta possono verificarsi transitorie ma acute esperienze di derealizzazione e di dissociazione (perdita del controllo di sé e paura di impazzire). Vengono quindi messe in atto difese nevrotiche e psicotiche a loro volta disfunzionali, invalidanti per se stessi, ma anche per le relazioni con parenti, amici e per l'ambiente lavorativo. Ciò accade anche a causa di tentativi drammatici di fuga dal contesto quotidiano che appare come una sorta di concausa del trauma subito e del suo persistere in una condizione post-traumatica. Si fantasticano e si mettono in atto, purtroppo in modo maldestro, prematuro o inopportuno, progetti e atti volti ad una drastica trasformazione della propria vita. Spesso queste scelte trasformative non ponderate e disfunzionali, sono messe in atto nel tentativo frustrante e delusivo di rimpiazzare rapidamente il partner perduto. Ciò genera una pericolosa tendenza alla promiscuità che peraltro offre scarsa e non autentica soddisfazione sia sul piano relazionale e sia sul piano dei sentimenti e del piacere sessuale.

Anche quando la vita scorre apparentemente in una condizione di funzionalità e di normalità personale e relazionale, essa viene percepita nella pesantezza di una costante e disperante *nuance depressiva*, che ingrigisce anche gli eventi che potrebbero risultare più sereni e piacevoli.

In alcuni casi le difese nevrotiche si intrecciano a *bouffée psicotiche* e possono sfociare in processi ideativi e passaggi all'atto a carattere i-pomaniacale che si riflettono in scelte e atteggiamenti fuori luogo e spropositati, nelle cose più semplici come in quelle più importanti. Nulla riesce ad essere svolto con equilibrio, e ciò si può riflettere anche nell'ambiente in cui si vive, nel modo di vestire, di trascorrere il tempo libero. I tentativi di distrarsi a tutti i costi e di ottenere un qualche gradimento falliscono miseramente. Per quanto si possano ottenere risultati nella vita lavorativa o creativa, essi sono quasi sempre scarsamente gratificanti e con ciò rivelano ancor di più una disperata mancanza di senso nel vivere. Spesso si tenta di trovare un rifugio salvifico in un eccesso di misticismo e di ricerca religiosa, fino a sfiorare vere e proprie forme di *teosi*: cioè lo sviluppo di una credenza e di una qualche ritualità mistico-religiosa inautentica, esagerata e tendenzialmente maniacale. Accade che la salvezza dalle pene del trauma amoroso sembrano dipendere dalla strenua esaltazione di entità e figure soprannaturali, divine, magiche, protettive e riparatorie. In alcuni casi ciò può anche dare luogo a compensazioni e ad evoluzioni maturative e terapeutiche ma è importante che ogni ricerca spirituale e metafisica non costringa ad una deformazione del 'principio di realtà' e ad una rinuncia edulcorata della propria autenticità. La preghiera, il rituale, la contemplazione sono attività di sommo valore, ed hanno un loro senso terapeutico, tuttavia non dovrebbero essere considerate come invasamenti pseudoascetico-monastici che finiscono con l'eludere il confronto con se stessi, nei termini della propria anima umana e terrena e della responsabilità nella vita quotidiana (sul senso psicologico e terapeutico della spiritualità rispetto ai traumi amorosi vedi il Capitolo XV).

In aggiunta a tutta la serie di penose sintomatologie psichiche e degli angosciosi stati d'animo che le accompagnano a causa di un TdN, possono poi, purtroppo, verificarsi veri e propri disturbi funzionali a livello somatico, di carattere acuto e tendenti alla cronicità. Mi riferisco a vere e proprie malattie fisiche, talvolta anche importanti, funzionali e/o organiche, ove una condizione stressogena prolungata può diventare un fattore etiologico assai significativo. Dunque un Trauma amoroso, soprattutto quando viene patito entro dinamiche vampirizzanti, e quindi un TdN, può essere alquanto pericoloso anche per la salute fisica. Da tutto ciò ne deriva che è fondamentale intraprendere quanto prima un percorso di guarigione, impegnandosi da soli e ricercando ogni forma di aiuto possibile dagli altri, a livello umano, spirituale e specialistico. In funzione di ciò la prognosi è fausta e quindi la guarigione è sempre possibile, e lo è tanto più se non si abbandonerà mai, nonostante tutto, un'intima coraggiosa fede 'psicopoetica' e spirituale per l'amore in tutte le sue molteplici e meravigliose manifestazioni.

Consigli

1) Quando ti rendi conto che la sintomatologia diventa insostenibile, ed anzi ancor prima (sarebbe assolutamente meglio), rivolgiti al tuo medico curante per avere un consulto sul tuo stato di salute generale e prendi al più presto contatto con un professionista della salute psicologica. Intanto fai del tuo meglio, anche avvalendoti di questo manuale e di altre informazioni, per mettere in pratica comportamenti e pratiche di auto-aiuto.

2) Prima di ricorrere a farmaci valuta - SEMPRE con l'aiuto dello specialista che può prescriverli - quali possano essere i percorsi alternativi, e l'impiego di prodotti fitoterapici o omeopatici. Spesso sono sufficienti sostanze non particolarmente 'forti', farmacologiche e non, mirate a contenere stati di ansia e stress entro brevi periodi o nel momento del bisogno. In ogni caso l'intento di questo manuale e del lavoro di ogni psicoterapeuta resta quello di evitare o di limitare l'uso di sostanze, e comunque sia di avere cura di farsi seguire psicologicamente nel corso del trattamento, in affiancamento al medico, che può essere uno specialista in neurologia o in psichiatria.

3) Prova a scrivere su un diario ciò che percepisci come sintomatologia. Ciò ti servirà per monitorarne ciò che avviene dentro ed intorno a te, ed anche come promemoria per indirizzare più ordinatamente un consulto terapeutico.

4) Ricordati fermamente che se hai cura di te stesso, e con tutto l'aiuto possibile degli altri, amici, parenti e terapeuti, puoi non solo guarire pienamente, ma anche maturare e scoprire nuove risorse vitali in te stesso e intorno a te.

VIII. EGOISMO DISTRUTTIVO – POSSIBILITA' DI GUARIGIONE

Carattere orale

Tutti i tipi e sottotipi di dinamica riferibili alla metafora del 'vampirismo amoroso', relativamente alle diverse etichette diagnostiche e quadri psicopatologici e complessuali, possono essere riportati al quadro psicoanalitico del 'carattere orale'. Si tratta di un nucleo immaturo involuto, più o meno consistente e profondo, che spinge a considerare la relazione come un'opportunità per 'succhiare energia all'altro', così come crede innocentemente il neonato che vuole succhiare il latte dalla madre, incapace di rendersi conto veramente di lei e dei suoi bisogni (in tal senso individuiamo il punto di incontro essenziale tra stili borderline e narcisistici per quanto concerne la voracità distruttiva, esprimibile come un opportunistico ed egoistico succhiare energia all'altro entro una relazione amorosa).

Ovviamente, il neonato, pur essendo una creaturina ingorda e perfino rapace ed ingrata, è di una tenerezza naturale e spirituale assolute, e ciò lo può far considerare simpaticamente come un 'dolce vampirello'. Ma se la sua attitudine a succhiare permane a livello inconscio nella vita adulta allora il vampirello può diventare una sorta di vampiro psichico che considera la relazione amorosa come una possibilità di dissanguare l'altro, al fine di saziare i suoi patologici bisogni di potere narcisistico. Dal momento che il carattere orale nell'adulto prende il sopravvento, questi diventa particolarmente sospettoso circa la sua possibilità di garantirsi il pieno controllo della relazione da cui trarre nutrimento a senso unico. Ma una simile relazione non potrà mai essere veramente soddisfacente, non consentendo di provare una vera reciprocità amorosa. Perciò non solo il/la vampiro/a amoroso adotta strategie manipolatorie ricattatorie per succhiare l'energia del partner, ma anche lo punisce distruttivamente in quanto lo considera paradossalmente responsabile del fatto che la relazione gli risulta insoddisfacente.

Non è corretto né moralmente, né scientificamente, considerare tali persone vampirizzanti e distruttive della relazione amorosa come inguaribili, perciò si dovrebbero rifiutare le etichette di 'disturbo della personalità', nella misura in cui vengano interpretate come un costituzionale e immutabile modo malato di essere. Si tratta di persone pur sempre capaci di intendere e di volere, quindi dobbiamo confidare che prima o poi abbiano la possibilità di prendere coscienza e di ricevere ogni cura possibile per trasformarsi nel modo migliore.

Questa considerazione tuttavia, per la persona affetta da attaccamento disturbato, nelle sua fase di vampirizzato/a, è vissuta in modo contraddittorio: da una parte la guarigione del vampiro/a è auspicabile, ma da un'altra parte è inaccettabile. Essa spera ardentemente che il partner vampiro/a guarisca per poter finalmente ritornare al paradiso iniziale della relazione, ma poi, nella misura in cui si vede che ciò è impossibile si teme con orrore che una qualche guarigione possa avvenire solo attraverso l'amore di qualcun altro. Il partner vampiro specula anche su questo timore, infatti tende a rimarcare quanto sarebbe felice con una persona migliore, e può giungere anche a fare in modo che il partner vampirizzato venga a sapere di una sua nuova relazione facendola apparire persino entusiastica (vedi sul tradimento il Capitolo IX) .

Ma il partner vampirizzato deve capire molto bene che non è facile per il/la vampiro/a riuscire a spassarsela impunemente e per tanto tempo. L'inconscio possiede dei meccanismi di riequilibrio psicologico e guarigione che per poter funzionare si rivelano alquanto giustizieri. Una persona può apparire in ottima forma psichica di 'facciata', ma al suo interno cova un nucleo malato destinato ad esplodere, e ciò è tipico in quelle persone che mirano a ricavare vantaggi dalle loro manipolazioni distruttive in stile narcisistico/borderline.

Il 'vampiro amoroso', come abbiamo già osservato per quanto possa essere considerato un malato, nella misura in cui è anche coscientemente responsabile della sua negatività e degli effetti nocivi che comporta sugli altri, è anche condannabile sul piano etico e morale. Egli o ella in virtù del suo egoismo e delle sue mire ed ambizioni egoistiche, qualora si sente amato, si lascia andare alle sue problematiche e invece di curarle si industria di ricavarne vantaggi a spese degli altri e soprattutto di chi più lo ama. Si tratta di vantaggi malati, ma che gli permettono pur sempre di sguazzare nella sua malattia senza registrarne i sintomi e traendone effetti di potenza e di piacere. Non ha senso di colpa, e se lo ha lo spegne affermando il diritto di poter disporre dell'anima e della vita degli altri come meglio crede. Per fare un esempio estremo possiamo dire che anche un pedofilo è un malato, tuttavia è capace di organizzarsi volitivamente nel sedurre e abusare dei bambini, traendone eccitazione e infischiandosene di quanto possa disturbarli e traumatizzarli. La sua malattia non va solo compresa e curata, ma va anche condannata e giustamente coercizzata con sanzioni e punizioni. In base al paragone con il pedofilo va colta l'opportunità per ribadire anche che il vampirizzato non è un bambino/a, e che è a sua volta partecipe di un processo collusivo, in quanto non desidera propriamente di dare e ricevere amore, ma di darlo e riceverlo nella relazione con un vampiro. Ciò infatti gli è patologicamente congeniale in quanto se riuscisse a far innamorare il/la vampira otterrebbe la sensazione di essere guarito dalla sua ferita narcisistica, cioè dal suo modo insicuro e autosvalutante di considerarsi rispetto alla relazione affettiva. Quale grande successo sarebbe infatti quello di aver trasformato con il proprio amore un vampiro in una persona amabile ed innamorata? In verità ciò che invece si ottiene è di rinforzare il proprio attaccamento disturbato e di farsi vampirizzare con maggior agio e crudeltà.

I due partner di questa dinamica vampirizzante e collusiva, inizialmente possono non considerarsi reciprocamente interessanti, ma poi cominciano a studiarsi e ad annusarsi. La relazione può iniziare tiepidamente come un gioco o un'avventura. Poi avvengono le prime provocazione per capire a cosa vuole 'giocare' l'altro. Se il vampiro/a vede che l'altro accetta piccoli dispetti, incongruenze, ambiguità, incomincia a supporre che la sfida possa incominciare, e così dall'altra parte chi subisce incomincia a pregustare la possibilità di poter fare una grande conquista grazie alla sua 'adorabile' capacità di sopportazione. Nel giro di qualche tempo si instaura il circolo vizioso che conosciamo, ove il potere del vampiro si rinforza succhiando sangue psichico al partner, ma anche il potere di quest'ultimo si esalta, nella misura in cui riesce a porgere il collo all'infinito e quindi a mantenere la presa con il vampiro. Ma non sarà all'infinito, perché quando il partner sarà 'dissanguato' il vampiro lo abbandonerà, e se e quando ritornerà, lo farà solo per 'finire il lavoro'... Capita spesso infatti che una volta che ci si è almeno in parte liberati dal legame amoroso con il partner vampirizzante, questi si ripresenta con svariate scuse, e che ritorni ad essere seduttivo, riproponendo quindi in modo ancora più estenuante la stessa dinamica vampirizzante (e spesso riuscendo in ciò fino ad una traumatizzazione del partner ancora più straziante). Vi sono dinamiche vampirizzanti che il vampiro/a amoroso riesce a tenere in piedi anche dopo l'abbandono e per molto tempo, ripresentandosi di tanto in tanto per fare insorgere nel partner la speranza di un ritorno, o di un pentimento che possa riaprire la via per una rinnovata relazione affettiva. In verità il o la vampiro/a è ancora mosso dal suo 'carattere orale' e quindi dallo spasmodico bisogno di controllare quanto il partner sia ancora disponibile ad offrire il collo e a lasciarsi succhiare le energie (ovvero vampirizzare).

Pentimento e guarigione

Nel campo della manipolazione, dell'abuso e del mobbing di coppia, data la difficoltà di diagnosi e di comprensione delle complessità in una dinamica di coppia, non ci sono chiare disposizioni legali che tendono a limitare la manipolazione e la violenza psicologia, ma laddove non è ancora arrivata la legge dei codici, è già pronta la legge ammonitrice e punitrice dell'inconscio. Per poter guarire, prima o poi, in qualche modo, bisogna pagarla a causa di un censore/giustiziere interno, ed in tal senso anche l'esperienza conferma che, soprattutto per quanto attiene alle malignità della relazione amorosa, la vita stessa è giustiziera.

Secondo Jung nell'inconscio di ciascuna persona ci sono dispositivi 'etici' che lo portano prima o poi a pentirsi e a voler espiare le cattiverie compiute, e qualora questo non dovesse avvenire insorgono psicopatologie e relazioni sempre più disturbanti, che finiscono con il punire la persona negativa con severità ancora più estrema. Come dire "Chi la fa l'aspetti"... o "Chi semina vento raccoglie tempesta"!

E' importante capire che c'è una giustizia psicologica che agisce nel mondo interiore. Perciò anche se i propri comprensibili sentimenti di rabbia e di vendetta appaiono come impotenti – tanto più perché devono necessariamente essere incanalati in una dimensione creativa e non distruttiva rispettosa delle leggi – si può star certi che prima o poi il partner vampiro la pagherà, e la pagherà tanto più cara quanto più non ha fatto i conti con se stesso.

Solo dopo un cammino di guarigione personale si può giungere ad una rasserenante forma di indifferenza e di perdono, non tanto in senso pietistico, ma certamente in senso liberatorio e rigenerativo per la parte offesa (su questo punto vedi il Capitolo XII).

Un 'vampiro amoroso' per potersi 'devampirizzare' non solo dovrebbe fare una specifica terapia o un cammino di espiazione e consapevolezza, ma affinché ciò possa avvenire ed egli stesso si determini in tale direzione, occorre che affronti un doloroso periodo depressivo ove percepisca il suo senso di colpa, cosicché giustamente soffra e si penta per il male fatto a se stesso e agli altri, fino a sentire il bisogno di offrire le sue più sincere scuse al partner che ha vampirizzato e traumatizzato. Se questa depressione/pentimento non sopraggiunge il partner vampirizzante non può sentire di voler veramente scegliere un percorso di guarigione, o comunque questo può incominciare solo quando in seguito al fallimento depressivo del suo egoismo narcisistico/borderline soffre e senta di pentirsi e di voler vivere secondo sentimenti di reciprocità e di rispetto degli altri. Per quanto riesca a rimanere a galla senza pentirsi, nel senso di contenere la sua patologia continuando a 'succhiare' le energie di altri, nessuna relazione potrà veramente guarirlo. La prossima preda o sarà un nuovo soggetto da affliggere, che non gli darà la serenità e la gioia di amare e di essere amato, o sarà una qualche avventura superficiale, senz'anima, né con particolare coinvolgimento, che durerà pochissimo tempo e darà luogo ad equivoci, liti e ulteriori odiose manipolazioni e repulsioni. Ciò capita sovente quando due vampiri si incontrano, in quanto amano sfidarsi tra di loro. Per quanto possano sviluppare una relazione duratura, si tratterà comunque di una 'non-relazione', subdola, competitiva, di reciproco opportunismo e nella quale ci si darà un reciproco inferno.

Ciò che la persona vampirizzata deve capire e che deve guarire se stessa e non cercare di far guarire il partner, il quale, nella misura in cui non soffre e quindi non sente di volersi curare e continua a vampirizzare, sta solo apparentemente bene, ma in sé cova un tormento che potrebbe accompagnarlo per tutta la vita e in modo sempre peggiore. Eppure, affinché la persona vampirizzata possa guarire e tornare sulla via dell'amore deve lasciare il/la vampiro/a al suo destino, ed in tal senso deve essere aiutato con strategie e attenzioni specifiche per la sua situazione e le sue possibilità.

Si dovrà accettare e comprendere che anche il vampirizzato/a ha al suo interno una sorta di 'vampiro interiore' che lo ha portato a legarsi con un 'vampiro esteriore', e che quindi è soprattutto con il primo che bisogna fare i conti. Quel 'vampiro interiore', che covava nella ferita narcisistica, ha indotto per sue esigenze di potere ad un attaccamento disturbato e a violare la massima "Ama il prossimo tuo come te stesso". Quindi per cercare di curarsi la propria ferita narcisistica avendola vinta su un vampiro amoroso, si è fatto violenza a se stessi pur di riuscire ad ottenere il suo amore. Anche questa è una violazione che per essere guarita, dal punto di vista dell'inconscio merita una sua espiazione. Bisogna capire che per guarire non si può semplicemente eliminare la sofferenza, ma bisogna entrare in una fase in cui si sviluppa una elaborata consapevolezza della propria responsabilità psicologica e quindi non sentirsi solo vittima. In verità si è anche stati in qualche modo complici e collusi, entro una relazione malefica e degenerativa alla quale si è voluti stare attaccati ad ogni costo, al fine di voler risolvere erroneamente e gaudentemente i propri problemi irrisolti e le proprie debolezze.

Dunque è anche su questo 'vampiro interiore' nel partner vampirizzato che si deve fare piena luce, con comprensione, ma anche con severità e determinazione, affinché possa ritornare innanzitutto a recuperare l'amore tradito verso se stesso, per poi potersi riaprire ad amare ed essere amato in una dinamica di reciprocità sufficientemente equilibrata.

Quindi, prima di ritrovare l'amore di un altro/a è necessario ritrovarlo in se stessi, e ciò guarendo la propria ferita narcisistica senza pretendere di farlo nella sfida con un vampiro amoroso. Allora quando si percepirà un vero innamoramento per se stessi, si percepirà anche un nuovo senso dell'amore, più elevato e universale, e sarà come l'aver espiato entro una lunga notte per poi rinascere alla luce di una 'nuova alba', dalla quale tutte le specie di vampiri, interiori ed esteriori, si allontanano e dispariscono.

Consigli

1) Non sentirti soltanto vittima di un partner vampirizzato! Comprendi che sei anche vittima di te stesso, e che perciò la tua sofferenza è anche una forma di espiazione per il male che hai fatto a te stesso. Non è che il tuo inconscio ti vuole ulteriormente punite, ma vuol farti comprendere, anche attraverso la sofferenza, che devi avere cura di te e non lasciare che il tuo cuore venga distrutto da personalità che sono patologicamente avvezze a compiere tali distruzioni.

2) Non pensare che una persona con una modalità relazionale di tipo vampirizzante, che non si cura e che insiste nelle sue dinamiche negative possa trovare in un altro partner quella serenità e quella 'guarigione' che non ha ottenuto con te. Quando una persona è fortemente disturbata e disturbante nella vita affettiva svilupperà relazioni che si rivelano sempre opportunistiche, infruttuose, false e infelici.

3) Devi ben comprendere e mettere in pratica la massima "Ama il prossimo tuo come te stesso", e devi quindi metterla in pratica con pensieri, parole ed opere volte a fare del bene a te stesso, perché ti sei amato molto poco dal momento che ti sei lasciato, seppure involontariamente, abusare e vampirizzare.

IX. MENZOGNA, TRADIMENTO E SEDUTTIVITA' SERIALE

Tutti diciamo bugie, ma...

Ci sono due livelli di falsità nel comportamento di persone che impostano le relazioni amorose in modo più o meno manipolatorio e vampirizzante. Il primo, ovviamente, consiste nel mentire o nel depistare al fine di nascondere le proprie vere intenzioni. Ora bisogna dire che nessuno è completamente sincero in una relazione, e che pur amando e non volendo manipolare capita di voler nascondere certe questioni, per cui ci si sente in contraddizione. A volte anche per non ferire, o per la vergogna e la paura di essere giudicati si dicono bugie o si pratica l'arte del depistaggio. In certi casi non si vuole vedere la verità in se stessi e si applicano meccanismi di rimozione, detto in parole povere si fa finta di niente e si tira a campare, procrastinando ogni confronto autentico con se stessi in data da destinarsi... Si tratta di una difesa da problemi interni ed esterni che vengono percepiti come ingestibili, ma tale difesa finisce prima o poi nel rivelarsi una trappola, giacché le problematiche diventano sempre più relegate nell'inconscio, quindi meno elaborabili, e inoltre se ne aggiungono altre. Così 'rimuovendo' non ci si rende conto che si coinvolge negativamente anche il partner, talvolta anche manipolandolo affinché non si opponga alle rimozioni e non pretenda di fare chiarezza. Questa rimozione e superficializzazione delle problematiche a scopo difensivo non è fatta con l'intento di nuocere l'altro, ma per salvare se stessi, senza rendersi conto che in qualche modo, pur non volendo le si fa subire al partner. Insomma ci troviamo in un'area conflittuale che per quanto possa esacerbarsi è relativamente normale, e nella misura in cui entrambi i partner possono gestire con una paziente negoziazione che li porta a fare chiarezza.

La forma più grave di falsità, decisamente maligna e manipolatoria, si impone quando va a costituire un vero e proprio stile strategico per vampirizzare il partner, e quindi ha il precipuo scopo di ingannare per ottenere vantaggi personali ed esercitare un patologico potere distruttivo a carattere narcisistico/borderline.

Oltre alla falsità verso il partner bisogna considerare un livello di falsità e ipocrisia che le personalità vampirizzanti hanno verso se stesse, non tanto e non solo come rimozione, ma come esaltazione megalomania di sé. Spesso tali manipolatori bugiardi si autoconvincono di essere in qualche modo coerenti, o di avere una qualche buona ragione che li autorizza a mentire e a manipolare. Ciò li rende spesso molto naturali e spontanei, seppure mentano strenuamente. Essi riescono bene nella loro parte in quanto non si affliggono minimamente con scrupoli e sensi di colpa, anzi si sentono persino superbi per la loro abilità nell'ingannare.

La falsità verso il partner e verso se stessi, viene interrotta da 'momenti di verità', durante i quali anche i partner più ipocriti si abbandonano ad effusioni amorose, o anche a pratiche erotiche particolarmente impulsive e spontanee, e nel partecipare empaticamente a dialoghi costruttivi. Ma per lo più – i partner ipocriti-vampirizzanti - restano attori o attrici che si lanciano nell'improvvisazione e tra una pausa e l'altra riescono a recitare a soggetto con successo. La loro apparente o transitoria naturalezza induce spesso a sperare che vi possa essere prima o poi un vero recupero della sincerità, al fine di stabilizzare un sufficiente equilibrio relazionale che, seppure possa essere complicato, risulti accettabile. In tal senso possiamo dire che è proprio questa apparente o transitoria parte buona e sincera che induce a tollerare fino allo stremo quell'atmosfera di manipolazione e sfruttamento che, a dispetto dei momenti veri e tranquilli, si impone e si amplifica sempre di più. Ad un certo punto i momenti di relativa tranquillità e verità tendono a restringersi sempre di più. Il partner che subisce la vampirizzazione finisce con l'agognare 'quei rari momenti magici' rendendosi disponibile a sopportare ogni cosa pur di ottenerli. Ecco allora che anche quei momenti speciali che una volta derivavano da sprazzi di spontaneità più o meno autentica, diventeranno per un vampiro/a amoroso un copione strategico da mettere in scena sempre più artatamente, al fine di manipolare, dominare, sfruttare e violentare psicologicamente il partner. Ricordiamo che si tratta di personalità il cui disturbo consiste in un esasperato bisogno di trasformare le relazioni amorose in opportunità di potere psicologico ed esistenziale e che ciò presuppone un semiconscio accanimento ad annientare il partner. Quest'ultimo va sfruttato con obiettivi di potere patologico fino al suo distruttivo esaurimento. L'ansia paranoidea che il vampiro/a ha rispetto alla relazione amorosa lo porta a considerarla come una dinamica dalla quale deve difendersi in modo aggressivo, cioè dominando distruttivamente la psiche del partner. Con tale obiettivo semiconscio la finzione viene messa in atto anche nel proporre strategici momenti belli e piacevoli, in parte anche mentre si fa l'amore, in modo da legare a sé il partner vampirizzato e poterlo rendere più succube, dominabile e distruggibile. Intanto il partner vampirizzato diventa sempre più prostrato ed anziché fuggire si ostina a resistere nella folle speranza di rivivere il suo sogno d'amore con il/la vampiro. A tale riguardo il vampirizzato/a finisce con il diventare semiconsapevole co-protagonista della miserevoli e palesi messe in scena di affettuosità ed erotismo proposte e imposte dal partner vampirizzante. Si badi bene, stiamo parlando di dinamiche semiconsce che, se considerate nei termini di un cosciente e volitivo esercizio distruttivo, appaiono come fantasmagorie paranoidi. Eppure esse sono presenti nell'inconscio e strabordano anche in elucubrazioni mentali coscienti, anche perché sono mirate a sviluppare una relazione di cui in qualche modo ci si possa approfittare anche concretamente.

Infedeltà, promiscuità, seduttività seriale

Uno tra gli eventi più traumatici della dinamica vampirizzante accade quando si viene a scoprire che il vampiro/a amoroso oltre ad imporre il suo gioco come fa il gatto con il topo prima di finirlo, intratteneva altre relazioni e comunque coltivava altarini e rapporti erotizzati con altre persone. Non si tratta di semplice gelosia, per quanto possa essere espressa con passionale furore, si tratta di un tradimento più interiore in quanto lo si subisce all'interno di un pesante quadro delusivo e manipolatorio, verso il quale ci si era oltremodo sforzati di reagire amorevolmente. Il partner vampirizzato soffre terribilmente nel venire a conoscenza che mentre faceva di tutto pur di tollerare vessazioni e ambiguità veniva tradito con amanti passeggeri o anche piuttosto stabili. Allora bisogna sempre sforzarsi di ricordarsi che ciò avveniva non perché le proprie qualità erotiche erano inferiori a quelle di altri e quindi disprezzabili, ma proprio perché il vampiro amoroso non può fare a meno di tradire in modo patologico, e non perché è veramente trasportato da una carica erotica, ma per sentirsi speciale, potente, capace di dominare attraverso la seduzione e la sessualità

In genere, le personalità vampirizzanti praticano uno **stile sessuale e seduttivo promiscuo**, sempre volto alla conquista, è una prassi costante. I loro confini relazionali sono molto incerti e superficiali, perciò tendono continuamente a considerare le opportunità di potere seduttivo, e quindi ad esercitarlo. Si può quasi affermare che sono piuttosto incapaci di sviluppare sincere relazioni amicali, perciò le superficializzano, oppure le trasformano in occasioni di interesse opportunistico, o anche le erotizzano al fine di soddisfare una loro smania di potere, piuttosto che un autentico desiderio passionale o di amicizia. Per queste persone la seduzione non è veramente rivolta ad ottenere piacere erotico, ma a sentire di avere un potere sull'altro, e quindi ad ammaliarlo, nel senso precipuo di esercitare una malia fine a se stessa.

Va osservato che il tradimento non è di per sé il segno di una personalità vampirizzante; del resto vi sono vampiri/e amorosi che possono anche essere fedeli. Bisogna considerare che l'infedeltà può anche dipendere da debolezze e difficoltà nella sfera sessuale e relazionale, e con ciò non ha alcuna mira di manipolazione e sfruttamento del partner. Può accadere addirittura che in seguito ad un tradimento il legame amoroso nella coppia si fortifichi, nonostante la contraddizione e il senso di colpa del partner che ha desiderato o realizzato una infedeltà.

E' ovvio che, per quanto ci si possa sforzare di superare la normale gelosia al fine di tollerare reciprocamente una cosiddetta 'scappatella' è assai raro che ciò possa avvenire quando vi è una costante doppia relazione, e quindi vi è un amante stabile. In una coppia sufficientemente normale non si finisce a cronicizzare la relazione occulta con un amante stabile, e neppure arriva a legittimare una frequente promiscuità; semmai si ha il coraggio di parlarne e di cercare di capire, seppure con sofferenza e difficoltà, le ragioni di una tale situazione e come affrontarla. A volte l'infedeltà finisce (o almeno quella più accanita) e la coppia ritrova un suo equilibrio, altre volte la relazione si conclude, ma nella misura in cui la separazione è stata affrontata in modo rispettoso e leale vi è la possibilità di riuscire, seppure non nell'immediato, a scoprire possibilità di dialogo e di amicizia affettuosa. Ciò può avvenire anche quando vi sono separazioni che non sono state complicate dalla presenza di un amante, ma sempre a patto che tra i partner non vi sia stata una dinamica vampirizzante.

Tradimento e vampirizzazione costituiscono un cocktail traumatizzante micidiale, e la cosa che fa più male è che il partner che lo subisce sente di aver accettato di abbeverarsi a quel calice tossico al fine di ottenere un qualche erotismo che il vampiro/a dava a qualcun altro.

Spesso accade che il vampirizzato sviluppi involontariamente e con grande senso di riprovazione di se stesso paradossali fantasie erotiche, per cui si eccita e al tempo stesso soffre, immaginando il partner che fa sesso con un amante. Si tratta di una fantasia perversa che costituisce un tentativo difensivo rispetto al trauma abbandonino. La cosa peggiore è di interpretarla colpevolizzandosi, mentre invece è consigliabile lasciarla fruire nella propria immaginazione, senza esasperarla, ma senza neppure castrarla, ed in tal modo tenderà gradualmente ad estinguersi.

In un partner non solo tradito, ma anche vampirizzato, si sviluppano quindi tensioni e fantasie inconfessabili e paradossali, connaturate a sensi di colpa a ad impotenti sentimenti di rabbia di vendetta (si veda il Capitolo XII).

Vampirizzazione in una relazione clandestina

Ancora un'osservazione va fatta nel caso la vampirizzazione avvenga in una **relazione tra amanti**. Innanzitutto spesso l'amante che si sente vampirizzato non vuole rendersi conto dei limiti di una relazione clandestina e che quindi tutto è più complicato e che questa dimensione non può soddisfare certe sue esigenze affettive. Insomma può capitare che non si tratti neppure di conclamata vampirizzazione, ma che ci si senta vampirizzati solo per il fatto che l'altro non possa essere completamente disponibile. In genere però questo stato di cose si chiarisce o, altrimenti, il rapporto si interrompe, proprio perché le gelosie e le richieste di rassicurazione potrebbero rendere la relazione ingestibile dal punto di vista pratico e psichico, e con ciò sottoporla anche ad un più elevato rischio di essere scoperta.

Tuttavia, può anche capitare che l'amante si riveli essere un vero e proprio vampiro amoroso dal momento che sfrutta la sua posizione di amante per meglio manipolare e dominare il partner. Nella posizione di amante diventa allora più crudelmente facile giocare al 'gatto e al topo', e 'al tira e molla', in modo da indurre nell'altro una condizione di frustrazione e malessere che però lo tiene comunque legato, attraverso promesse, falsità e concessioni che vengono imposte come il 'bello e il cattivo tempo', da accettare obbligatoriamente, giacché si è clandestini e con tutte le rigidità e i limiti che ciò comporta. Perciò il vampirismo amoroso tra amanti può indurre ad una condizione di traumaticità terribile, anche perché è difficilissimo rivendicare un principio accettabile di reale reciprocità affettiva, e, data la clandestinità, è preclusa la possibilità di confessarsi ad altri e farsi comprendere ed aiutare. Allora, si coverà nella propria solitudine un immenso dolore, un crollo dell'autostima e un paralizzante senso di colpa e di ver-

91

gogna. Infatti si percepirà se stessi come condannati a vivere l'emozione amorosa soltanto in una dimensione coatta ed occulta, nella quale l'altro appare come un aguzzino che può agire indisturbato entro una miserabile segretezza, ove a nessuno possa confessarsi il proprio dolore per ottenere ascolto e conforto.

E' terribile cadere preda del vampirismo amoroso in una relazione adulterina, in questi casi diventa veramente un'emergenza cercare di allearsi in una relazione terapeutica con uno psicoterapeuta, al quale confidarsi con intimità e fiducia. E' fondamentale avere la possibilità di allearsi con qualcuno che, in modo esperto e qualificato, possa dare il suo aiuto psicologico per fuggire da una passione amorosa divenuta un lugubre e remoto castello nel quale si viene segretamente vampirizzati. Qualora una relazione vampirizzante tra amanti non possa proprio interrompersi a causa di importanti altre problematiche psicologiche e interpersonali, è fondamentale poterla gestire nel modo migliore, perciò è molto importante un sostegno psicoterapeutico. E' essenziale essere aiutati psicologicamente a preservare i propri diritti e la propria salute psichica, seppure si sia prigionieri di un tormentoso e segreto carcere dell'anima... Per quanto possa apparire inevitabile il dover restare rinchiusi in quella prigione, e ci si sforzi di affrontare ciò nel miglior modo possibile – una volta preso atto che la vampirizzazione non cessa, e neppure si attenua – sarà necessario evadere rapidamente, e lo psicoterapeuta potrà rivelarsi un alleato fondamentale.

Consigli

1) Apri gli occhi prima possibile! Renditi conto che il partner può avere problemi che lo inducono ad essere falso con se stesso e con gli altri. Ciò non vuol dire sospettare e fare indagini alle spalle, ma chiedergli con fermezza di parlarne insieme e di chiarire come stanno le cose. Se vi è un rifiuto o un depistaggio rispetto a questa vostra richiesta allora dovete sforzarvi di accettare che la relazione non va, e dovete organizzarvi per fare le vostre scelte nel modo più sano possibile.

2) Se siete accusati di gelosia ossessiva, esagerata e ingiustificata, vi è anche la possibilità che il vostro partner non abbia tutti i torti, è bene farsi un esame di coscienza. Ma se in seguito a ciò vi sono evidenze circa tradimenti e comportamenti seduttivi del partner più o meno continuativi, dovete comprendere che ciò non può essere da voi tollerato all'infinito, a meno che non vi accontentate di preservare una qualche relazione superficiale e transitoria.

3) La relazione tra amanti per quanto possa essere moralmente discutibile può avere un senso psicologico risanante, ma va chiarita e portata alla luce del sole nei tempi e nei modi migliori. Se ciò non avviene in essa vige una dimensione occulta che comunque cova rischi di infelicità e di frustrazione. Purtroppo i vampiri/e amorosi gradiscono per loro natura le tenebre, quindi state allerta ed evitate in tutti i modi di sviluppare attaccamenti disturbati con queste personalità in una relazione clandestina. Per essere amanti bisogna essere sufficientemente normali nella sfera affettiva, per quanto questa abbia le sue difficoltà e complessità dovute ad una relazione clandestina. Questa condizione però, un po' alla volta, deve potersi chiarire e risolvere, per un proprio equilibrio interiore e certamente anche per il rispetto degli altri.

X. ABBANDONO, SOLITUDINE E SENSO DI MORTE VIVENTE

Non vivi e non morti

Un 'Trauma amoroso', come ha evidenziato Igor A. Caruso nel suo libro *La separazione degli amanti. Una fenomenologia della morte*, (1974) investe "il problema della morte fra viventi", ove ciascuno muore nella coscienza dell'altro, e deve far morire l'altro in se stesso, cercare di ucciderlo nella dimenticanza e nell'oblio, e deve accettare che ciò accada anche a se stesso nell'altro. Affrontare questa esperienza di 'morte vivente' rinvia immaginalmente al confronto con la figura del vampiro, un non morto e non vivo. Ciò è tanto più allucinante e straziante se il partner si rivela come un essere che prova piacere ad infliggere questa morte da separazione, quasi che per egli o ella si tratti di una liberazione assassina. Inoltre tale mortificazione del partner sembra essere già stata premeditata da tempo con l'intento di essere deliberatamente inflitta per punire. In effetti il vampiro amoroso crede veramente di aver perso del tempo e di essersi lasciato abbindolare da una persona debole e disturbata che gli si è attaccata e che non vuole più lasciarlo andare. Perciò non solo deve liberarsene condannandola psichicamente a morte, ma è portato in misura più o meno crudele ad infliggere tale morte simbolica previo una sorta di tortura psichica. Deve far soffrire l'altro mentre lo uccide dentro di sé, e desidera che l'altro soffra nel vano tentativo di ucciderlo psichicamente. Il partner vampiro diventa una sorta di fantasma aguzzino che continua ad aleggiare nelle tenebre del vampirizzato.

Una lettura esistenzialista e fenomenologica del senso di 'non morte e non vita' di un partner vampirizzato, sembra indicare che ciò che più traumatizza non è tanto la perdita dell'altro, quanto la perdita della possibilità di dare e ricevere amore, possibilità che sembra morta per sempre.

Il/la vampirizzato/a sente di vivere una non vita o una non morte, infatti come dice la leggenda, il tenebroso regno dei vampiri è in una dannata terra di mezzo che sta tra la vita e la morte. Questo stato di inspiegabile irrealtà, ove nulla sembra avere più senso, ove ci si trascina a sopravvivere come uno *zombie* – figura assai simile a quella del vampirizzato - consiste in un'ineluttabile sensazione di fallimento con manifestazioni acute sintomatiche afferibili al 'delirio di rovina', e comunque alla percezione di una condizione esistenziale svuotata da ogni senso vitale, quale effetto di un'esperienza catastrofica che niente e nessuno potrà lenire o riparare. Il senso di isolamento percepito viene suffragato dall'ambiente e da amici e parenti che tendono a considerare il traumatizzato come il classico sedotto e abbandonato che ha perduto il senno e che in definitiva è causa del suo male. Addirittura il proprio straziante stato interiore può essere schernito dagli altri a livello di umiliazione e ridicolizzazione. Difficilmente ci si può sentire compresi, e quindi il senso di vergogna e di autocommiserazione imprigiona dentro una morsa ansioso-depressiva, che a tratti si interrompe con episodi ipo-maniacali, ai limiti dell'allucinatorio. Dunque ci si sente catturati in una trappola infernale, senza via d'uscita. Il partner 'vampiro/a' appare come un oggetto persecutorio interno, ma assurdamente anche come l'unico possibile salvatore qualora lo si riuscisse a convincere di riarmonizzare la relazione amorosa.

Con lo scopo di proporre una riflessione terapeuticamente sdrammatizzante, si deve considerare che tutta la dinamica vampirizzante ha anche un suo carattere tragicomico e carnevalesco. La possibilità di considerare derisoriamente le 'maschere' del vampiro o dello *zombie*, e quindi con un certo *humour noir* liberatorio, più che cinicamente sarcastico, è indice che il processo di guarigione è a buon punto. Verrà il giorno in cui quel trauma amoroso così devastante apparirà come un'esperienza lontana – tremenda, ma anche maturativa – rispetto alla quale si potrà pur sorridere con autoironica saggezza.

Lutto, malinconia e rabbia

Il trauma da narcisismo/vampirizzazione (TdN) raggiunge il suo esordio con il trauma abbandonico, ma va ben oltre esso in quanto non riesce ad essere superato attraverso un normale periodo di lutto. Infatti non si soffre soltanto per la perdita della persona amata, ma per la perdita della possibilità di amare, in seguito ad una relazione tormentosa che si è conclusa con un abbandono distruttivo. Ogni momento bello che pure può esserci stato appare vuoto, falso, manipolatorio. Il vampiro amoroso può dichiarare con crudeltà di non avere mai veramente amato, e in definitiva di aver perso il proprio tempo in una relazione che ha reputato inutile e persino spregevole, relegando il partner in un'area di disprezzo assoluto e di mortificazione.

Ciò non consente di elaborare la perdita poiché si crea una commistione tra sentimenti malinconici e rabbia. Per lenire la malinconia ci si impone di provare a tutti i costi di recuperare la relazione, al fine di dimostrare a se stessi e al partner che c'è stato un vissuto bello e amabile. Nel contempo si cova in modo impotente e paralizzante rabbia repulsiva e desiderio di vendetta. Si tratta di un cocktail micidiale che fa persistere il trauma amoroso e lo cronicizza, infatti rabbia repulsiva e dolore per la perdita con desiderio di recupero confliggono in una sorta di bipolarismo o *enantiodromia* ("corsa tra gli opposti") tra odio e amore che sospinge da un polo all'altro senza tregua, come nel moto perpetuo di un pendolo 'impazzito'.

La persona vampirizzata cerca disperatamente la trasformazione e la rinascita, ma ciò non può avvenire in quanto non c'è mai una vera e propria morte della relazione psichica con il vampiro/a (sebbene la storia sia finita), quanto un'interminabile agonia. Egli o ella vorrebbe continuamente scappare dal vampiro, ma con la stessa forza lo desidera e vi rimane attaccata. In questa nevrosi disseminata da picchi psicotici, paralizzante e colpevolizzante, accusatoria e autoaccusatoria, tra impossibilità della vendetta e del perdono, tra inutilità del restare o del fuggire, non si riesce a comprendere fino a che punto e in che modo il partner sia un malato o un delinquente, ovvero se sia doloso o colposo.

Ci si chiede perché ha agito in quel modo, perché è stato così ipocrita, perché tramava alle proprie spalle, e poi perché la sua distruttività svalutante sia stata messa in atto con estrema spietatezza anche nel momento dell'abbandono. Si vuol capire la ragione per cui l'altro ha agito con una così potente e immeritata violenza psicologica nei propri confronti, per ferire i sentimenti e le parti più sensibili della propria 'anima/psiche'. Così, si finisce con il considerarsi una vittima non solo del partner, ma della vita stessa. Si finisce con lo svalutarsi e colpevolizzarsi come se si fosse una persona sgradevole, debole, sfortunata e incapace di farsi amare a causa delle proprie insufficienze. Ecco, allora che appare allucinatoriamente chiaro il 'falso perché' si è perso l'amore e ci si è lasciati umiliare e maltrattare, ed è come una voce disperata che ripete: " E' per colpa mia... sono io che ho sbagliato tutto, che non vado bene... ora lui (o lei) sarà già con una persona più potente e più bella di me e alla quale darà quell'amore che a me non ha dato mai... perché io non sono mai stato abbastanza...". A questo punto l' aguzzino dell'anima non è più l'altro, ma il suo fantasma che è penetrato dentro la sua 'vittima', ovvero si tratta di un 'fantasma persecutorio' che si introietta in se stessi.

Abbiamo già evidenziato che la cosa più terribile in un trauma amoroso da vampirizzazione non è tanto la perdita dell'altro, ma la perdita in se stessa. Addirittura a tratti si capisce che la perdita dell'altro è persino un bene, come una liberazione. Ciò che invece resta a lungo straziante è la sensazione di aver perso per sempre la possibilità di amare e di essere amati. E' importantissimo capire che ciò non è vero, nonostante il dolore sia tale da far sentire convinti che non vi sarà mai più la possibilità di amare e di essere amati. Infatti si è stati violentati nell'anima proprio perché ci si è aperti a dismisura all'amore, e quindi la paura di soffrire ancora per amore fa sentire sentimentalmente ed anche spesso sessualmente paralizzati per sempre. E' fondamentale ricordarsi e convincersi che questa idea di 'fine dell'amore' è falsa, e che tuttavia, più ci si fissa che sia vera, e più si rischia che tale fissazione generi una specie di profezia autoavverantesi. Prima ci si convince che la possibilità di amare e di essere amati è solo ferita, sospesa, ma non è morta ed è guaribile, e prima la si potrà rivivere, ma in un modo nuovo che prima non poteva essere vissuto: amare l'altro sentendo che ciò fa amare anche se stessi.

Mantenere in vita i vampirizzati

La cura di base della vampirizzazione amorosa consiste nel mantenere viventi l'anima e il corpo con ogni risorsa disponibili. Come narra la leggenda la cura essenziale del vampirizzato consiste nell'aiutarlo a tenersi in vita fino a quando il senso di morte non si trasformerà in una 'luce' di trasformazione e rinascita. Ciò vuole dire aiutarlo ad elaborare, a comprendere, ad esprimere, e quindi a confrontarsi simbolicamente e concretamente con il mondo interiore e quello esteriore. Il bisogno di capire è di elaborare è positivo perché rappresenta metaforicamente quell'attività che compie il sistema immunitario per analizzare un fattore 'psicoinfettivo' al fine di produrre l'anticorpo, in modo poi da poter guarire. Però quest'affannosa attività di analisi riparatrice deve essere sostenuta con informazioni il più possibili corrette e approfondite e con l'aiuto di persone esperte, terapeuti e persone con una consolidata maturità ed esperienza di vita che si possono prestare a dare un sostegno sufficientemente costante e approfondito. Se invece si è troppo soli e troppo ossessionati nel tentativo di 'farsi una ragione' si rischia di esaurirsi sempre di più e di avvitarsi in vortici energetici e labirinti interpretativi senza vie d'uscita. Bisogna elaborare con la mente e con il cuore e ciò deve essere sostenuto e condiviso entro relazioni empatiche di dialogo e di ascolto. Inoltre è fondamentale staccare la mente dal continuo bisogno interpretativo e concentrarsi invece su pratiche corporee e attività salutari, lavorative, creative, prosociali e spirituali (come meglio esamineremo negli ultimi tre *capitoli del Manuale*). E' essenziale aiutare a vedere le cose con uno sguardo simbolico e immaginale che sia anche sovrapersonale e quindi più spirituale, come quando di un grande romanzo o di un grande film non si percepisce solo la storia e la trama, ma anche il messaggio e l'insegnamento profondo che vuole trasmettere. La propria tormentosa vicenda amorosa deve al fine consentire di ricavare un senso universale, per cui, nonostante le sofferenze e le ingiustizie, l'amore per l'Amore conduce ad un riscatto liberatorio e ad una rinascita (su questo concetto vedi in particolare il Capitolo XV). In ciò consisterà in ultimo una vera guarigione: trasformare il trauma amoroso in una sfida per una crescita interiore e per una relazione più profonda e sensibile con se stessi, gli altri ed il mondo.

Consigli

1) Considera il tuo trauma amoroso avendo la certezza, più che la speranza, che si tratta di una terribile sfida che vincerai, ma è fondamentale che nei sei convinto e che credi nell'amore come una forza buona che sta dalla tua parte. Devi resistere con piena fiducia, più lasci aperto il tuo cuore e prima arriverà una nuova alba.

2) Scaccia dalla tua testa l'idea che il partner si sia comportato in modo così crudelmente distruttivo perché tu non gli piacevi abbastanza. Se così fosse stato avrebbe potuto comunque avere rispetto di te, senza umiliarti, svalutarti e avere comportamenti contorti e manipolatori. Un amore può finire per tanti motivi, ma quando chi abbandona agisce e pensa in modo distruttivo egli o ella è condizionato da una sua problematica patologica e negativa. Fino a quando credi che sei stato/a maltrattato/a perché hai sbagliato qualcosa perché hai qualcosa che non va ti tormenterai inutilmente... c'è invece una sola cosa che hai sbagliato davvero – involontariamente – cioè di esserti innamorato/a di lui/lei senza vederne la dimensione patologica e che comunque non meritava il tuo amore. Anche se non lo hai fatto apposta devi assumertene la responsabilità psicologica per il tuo bene e devi curare questa tua predisposizione ad innamorarti di persone negative e patologiche nell'area erotico/affettiva.

3) Più di tutto hai bisogno di persone che ti capiscano e che non ti facciano sentire come uno stupido/a che la fa lunga perché non si vuole rassegnare ad una delusione amorosa. Non si tratta infatti solo di questo, ma di un trauma che ti ha devastato l'anima e spesso solo chi lo ha provato ti può capire. Condividere questo dolore empaticamente con persone care che lo comprendono, con i gruppi nei social che dimostrano vera sensibilità e competenza nel dialogo e nella testimonianza sul trauma amoroso, e quindi anche con il tuo terapeuta ti può aiutare moltissimo.

XI. VAMPIRIZZAZIONE AMOROSA
MALATTIA O BENETTIA?

Ammalarsi per guarire da un 'complesso'

Ma perché nonostante si abbia una ferita affettiva (narcisistica) ci si va a cacciare proprio in una relazione che la dilania e la infetta? Innanzitutto va detto che si tratta di una ferita occulta, che non è stata curata e che spesso non viene riconosciuta in modo chiaro. Essa deriva da un turbamento affettivo dell'infanzia che non è stato ben compreso e terapizzato e che quindi va ad influenzare la vita adulta. Può trattarsi di traumi e di carenze evidenti nei riguardi di un genitore o dell'ambiente famigliare. Può trattarsi anche di una propria innata predisposizione che ha indotto a reagire in modo disfunzionale a situazioni anche solo leggermente disturbate. Insomma uno stato affettivo problematico si è infiltrato nell'inconscio sin dalla prima infanzia ed ha generato un **"complesso"** (parola impiegata da Jung per indicare una componente disturbante derivabile dall'infanzia e che non si attenua fino a quando non viene ben compresa ed elaborata). Quindi per dare una risposta al perché non ci si riesca a disinnamorare di persone che si pure si riconoscono come negative, bisogna fare uno sforzo di comprensione rispetto alle esigenze dell'inconscio, il quale sentendo una ferita che per la coscienza risulta occulta e che pertanto non viene curata, ad un certo momento non ce la fa più di sopportarla e allora cerca un rimedio estremo, cioè fa scoppiare il bubbone attraverso una relazione amorosa malata e che poi costringe a curarsi la ferita. E' una specie di cura omeopatica per cui l'organismo psichico si attacca ad una dimensione affettiva disturbante, similmente a quella che si è sopportata nell'infanzia. Questo può avvenire affinché nella vita adulta ci si senta costretti a reagire e a curare la ferita affettiva pregressa. La guarigione avviene quando viene respinto il ricatto affettivo che costringe ad una svalorizzazione di sé e ad una accettazione in cambio di 'amore ammalato' delle problematiche disturbanti dell'altro. In tal modo l'inconscio, influenzando l'attaccamento disturbato verso una persona disturbata e disturbante sceglie di curarsi secondo la massima: "a mali estremi, estremi rimedi", ma si tratta di una cura disperata e pericolosa della serie: "o la va o la spacca!". Purtroppo il rischio è quello di non farcela a reagire, e che la ferita infettandosi e dilaniandosi diventi sempre più ricettacolo di altre malattie e ciò può avere esiti pericolosissimi e fatali. Eppure con le cure giuste e una giusta condotta terapeutica autogestita la guarigione di quella ferita è possibile. Per fare un esempio la si può paragonare ad una semplice infezione batterica che trattata con i giusti antibiotici, diete e igiene si risolve molto bene. Ma se non si fa nulla e anzi ci si lascia andare a reazioni sbagliate, allora sì che le cose diventano sempre più pericolose e la cura più difficile. Inoltre non soltanto si può avere fiducia in una buona guarigione, ma anche nel fatto che oltre a ciò si può ottenere anche un'evoluzione della conoscenza di se stessi, degli altri e della vita in generale. Guarire da una vampirizzazione amorosa comporta un generale riequilibrio dell'autostima e delle proprie potenzialità vitali in ogni campo. A quel punto ci si renderà conto che quella malattia provocata da quell'amore malato e vampirizzante era al fine una **'benettia'**, cioè un 'male che non è venuto per nuocere', bensì per costringerci a metterci sulla strada buona per fare del nostro meglio, stare bene con noi stessi e riscoprire l'amore nelle sue forme più armoniose e generative.

Comunque sia finché si è 'sotto vampirizzazione' è evidente che si è nella fase di malattia. Mentre la fase di 'benettia' inizia solo quando si inizia un vero distacco dal 'vampiro amoroso' e nella misura in cui si compie un percorso di auto-aiuto e si ricerca ogni possibile aiuto dagli altri. Se invece ci si trova in una relazione vampirizzante, ma ancora nella fase tormentosa e di attaccamento disturbato di cui non si riesce a liberarsi, allora bisogna comunque lavorare su se stessi affinché la 'malattia' venga contenuta il più possibile. Ciò vuol dire prendere coscienza il prima possibile della patologicità della relazione che si sta vivendo e assumere le condotte qui consigliate ed altre che altri esperti vi possono consigliare per fare in modo che questa 'infezione/intossicazione amorosa' non peggiori, venga contenuta e incominci a depotenziarsi.

Patologizzare l'amore come gli dei

Fino a quando la vampirizzazione amorosa viene subita senza fare nulla, oppure solo lottando nella speranza di riuscire a trasformare il vampiro/a in un angelo, allora la 'malattia' può solo peggiorare , o comunque non può portare a nulla di buono. Tuttavia dobbiamo considerare che anche questa fase, nella misura in cui viene compresa ed elaborata potrebbe non essere considerata soltanto come una malattia, ma anche come una 'patologizzazione', cioè una possibilità di conoscere se stessi e l'esperienza amorosa, seppure in una condizione di estremo tormento. In effetti un conto è se siamo consapevoli di quello che scegliamo e vogliamo affrontare, un altro conto è se non lo siamo affatto. Il confronto amoroso in una relazione vampirizzante può avere un senso non del tutto malato nella misura in cui ci serve per fare un'esperienza estrema di conoscenza di noi stessi e delle dinamiche amorose finanche nella loro negatività e ambivalenze estreme. A questo punto non è corretto giudicare un attaccamento disturbato solo come una malattia; per quanto sia disturbato esso può essere compreso come una lotta che l'anima deve compiere per penetrare nelle tenebre dalle quali poi uscire e rinascere, un viaggio nel mondo infero dell'amore che non abbiamo il diritto di incasellare in un inquadramento meramente patologico, in quanto l'anima ha sue profonde ragioni per scegliere il vampiro, le quali possono allora essere comprese solo in senso poetico, letterario, mitico... Del resto anche gli dei avevano relazioni amorose tormentate e questo però serviva loro per esplorare oscurità dell'anima dalle quali poi riemergere con insegnamenti preziosi.

Perciò se non riuscite a rinunciare ad un attaccamento disturbato non consideratevi malati, ma considerate che dentro di voi ci sono forze psicomitiche simili a quelle che spingevano gli dei a vivere storie amorose disturbate al fine di conoscere il lato oscuro dell'amore e come le energie di legame possano diventare negative. Ma se proprio si fa la scelta, costrittiva e volitiva, di permanere nell'attaccamento disturbato, è assolutamente essenziale lavorare su se stessi per conoscersi e dare un senso più profondo alla propria dolorosa relazione affettiva. In una simile condizione, sviluppare consapevolezza è la miglior difesa possibile ed è in tal senso che questo manuale è da intendersi come riferimento sia per difendersi e sia per uscire da una relazione amorosa vampirizzante. Dunque si deve sempre cercare di protendersi verso il concetto di 'benettia', nel senso di una sofferenza che serve come sfida per crescere e comprendere... ma bisogna tenere bene a mente che tale sfida può rivelarsi fatale qualora diventi un vero e proprio accanimento come disposizione ad andare contro se stessi pur di stare con il vampiro/a...

Se ci si sente affascinati dal voler 'cavalcare la tigre', il ché comporta di continuare ad 'offrire il collo al vampiro', è fondamentale nutrirsi e rinforzarsi il più possibile, considerare bene i rischi, e darsi un limite di sopportazione nelle modalità ed anche in termini di tempistica. Intanto si deve riuscire a restare aperti all'amore e a tutto ciò che può recare luce e gioia, per quanto si sia scelto di restare ancora imprigionati in una notte di sofferenza, ove l'Alba tarda a venire...

Consigli

1) Se decidi di lottare per resistere a mantenere una relazione tormentosa, devi sapere bene a cosa vai incontro. E'determinante che tu stabilisca quanto tempo puoi resistere e che valuti bene le tue risorse esistenziali e psicologiche. Cerca di coltivare il miglior sostegno possibile nelle amicizie, nella famiglia, nel lavoro e nella terapia. Se proprio hai deciso di continuare a sfidare il vampiro continuando ad 'offrirgli il collo' non abusare della disponibilità degli altri ad aiutarti, i quali tenderanno ad allontanarsi temendo che il loro aiuto possa essere impiegato in modo autodistruttivo.

2) Le persone care possono consigliarti di tagliare definitivamente e così anche i terapeuti. Ciò però è facile a dirsi, ma è difficilissimo a farsi. A volte non ce la si fa non tanto per mancanza di coraggio, ma perché c'è un inconscio bisogno di sperimentare la negatività che in qualche misura ha diritto di essere soddisfatto. Bisogna negoziare con le parti di se stessi che vogliono rimanere legate e quelle che vogliono fuggire. Per un periodo allora, se proprio non si riesce a troncare, anche se può sembrare impossibile bisogna cercare di fare entrambe le cose: accettare la relazione, ma nello stesso tempo cercare di uscirne.

3) Per fortificarti devi cercare di comprendere e di elaborare il tuo 'complesso' derivato dall'infanzia e che cova la ferita narcisistica che ti tiene attaccato a tutti i costi ad un partner vampirizzante. Più riconosci e curi quella ferita e più l'attaccamento disturbato si depotenzierà.

4) Considera la vampirizzazione non soltanto come un dissanguamento psichico mortificante, ma anche come una sorta di 'salasso' terapeutico (come lo pensavano i medici di un tempo) al fine di sviluppare 'sangue psichico buono', che guarirà l'anima dalle sue pregresse ferite e che ti porterà ad una trasformazione riarmonizzante, ma solo quando ti sarai liberato dal tuo attaccamento disturbato.

XII. RABBIA, VENDETTA E PERDONO

Comprendere ed esprimere terapeuticamente la rabbia

La rabbia per motivi passionali è una reazione emotiva comprensibile, ma che deve essere elaborata ed incanalata nel modo giusto, soprattutto per evitare che essa sfoci in atti violenti. La rabbia diventa ancor più pericolosa quando è ancorata a convinzioni misogine (odio per le donne), misandriche (odio per gli uomini), omofobe (odio per gli omosessuali) e, per giunta, può essere radicata anche in motivi psicoculturali di orgoglio e di onore. La rabbia può dare luogo a stati d'animo agghiaccianti che esasperano le patologie di Eros con deliri di gelosia, brama di possesso, risentimento con fantasie di vendetta e di rivalsa. In questi casi la rabbia, per quanto venga repressa, diventa un veleno di odio e di livore che incendia il mondo infero di Eros. Ciò può provocare micidiali passaggi all'atto[8].

La rabbia che si prova verso un partner, per un abbandono, per gelosia, per rivalità, a prescindere dal suo acuirsi o dal suo restare repressa, ha le sue radici in dinamiche inconsce, regressive, legate ad una rabbia primaria che si è vissuta nell'ambito parentale, dalle prime cure materne, alla relazione con il padre, i fratelli, e l'ambiente socioeducativo. La rabbia che il bambino è incapace di esprimere e di elaborare viene rimossa, e il rimosso può poi ritornare minaccioso e potenziato entro una relazione passionale e disturbata nella vita adulta. D'altra parte se non vi fosse stata una rimozione infantile si sarebbero

---

[8] E' alquanto insufficiente la ricerca di un antidoto se ci si limita alla condanna, allo sgomento e alla solidarietà che accompagna gli orrendi fatti di cronaca che col piscono quotidianamente soprattutto le donne, vittime della rabbia degli uomini. Non basta neppure acuire le misure di sicurezza e di dissuasione con l'inasprimento delle pene e della criminalizzazione. E' allora necessario 'terapizzare la rabbia passionale, degli uomini e delle donne, e fare in modo che essa venga riconosciuta ancorché è repressa, o fantasticata, così che possa essere elaborata e finanche convertita in un'energia ricostituiva e riequilibrante.

formate difese più gravi, di carattere psicotico, dissociativo, autistico, schizoide. Anche l'impossibilità di elaborare ed esprimere la rabbia infantile è tra le cause dello strutturarsi di 'difese aggressive' inerenti disturbi di personalità e della sfera erotico/affettiva, di carattere narcisistico, borderline, isterico-istrionico e finanche psicopatico/antisociale. Ma a prescindere dalle etichette psichiatriche diciamo che la rabbia è tanto più cattiva e disturbante, quanto più ha un sottosuolo inconscio, derivante dall'infanzia, che non è stato bonificato.

Melanie Klein aveva individuato come la rabbia, nei neonati e poi nella prima infanzia, sia una componente essenziale dello sviluppo psicologico relativamente normale (si veda *Aggressività, angoscia, senso di colpa* (1927/1952). I bambini vivono fantasie di rabbia devastanti, praticamente psicopatiche, che la Klein indica come 'schizoparanoidi' nella dinamica 'seno buono'/'seno cattivo'. La madre viene vissuta dal neonato come buona quando soddisfa tutti i suoi bisogni, ma se esso avverte anche solo un minimo disagio, ad esempio un mal di pancia, una sensazione di fame o di sete non immediatamente soddisfatta, si arrabbia e odia la mamma ritenendola responsabile e 'cattiva', e quindi fantastica di punirla e di distruggerla. Poi però, in un successivo sviluppo normale subentra la 'fase depressiva', per cui il neonato si pente della sua distruttività verso la madre e vuole 'riparare'. Si tratta di un conflitto evolutivo tra odio e amore che può lasciare tracce più o meno importanti, e talvolta psicopatologiche, nel carattere di un individuo e quindi con pesanti conseguenze nella vita adulta, quando ad esempio la fase schizoparanoide viene rivissuta inconsciamente nei confronti di un partner.

Il bambino 'normale' vive intensi sentimenti di rabbiosa gelosia e invidia verso i genitori. I problemi nascono quando questo normale esperire la rabbia viene bloccato o punito eccessivamente o in modi ambigui. Ogni bambino piccolo, a causa delle sue normali frustrazioni biopsichiche, nutre una certo 'normale invidia' verso chi ama, giacché lo ritiene più potente di lui, e questa 'invidia primaria' genera senso di colpa, bisogno di essere punito e quindi nuova rabbia. Al fine di uscire dalla spirale di rabbia e senso di colpa i bambini distruggono giocattoli, fanno a pezzi le bambole, si divertono a mettere in scena mostri e aggressioni che hanno una violenza inaudita, ed in tal senso possiamo comprendere anche la funzione psicologica delle fiabe, piene di divoramenti, rapimenti, tormenti, assassinii, malefici che, tuttavia sono necessari affinché il pathos narrativo ed emotivo si sfoghi e si risolva entro un lieto fine.

Ma i miti e le fiabe insegnano che il demone della rabbia è anche una forza sovrapersonale, che non dipende solo dal proprio vissuto individuale. La rabbia ha una radice archetipica che è parte dell'inconscio collettivo nel quale è immerso ogni inconscio individuale. Nei termini della psicologia archetipica di Hillman (che rielabora la psicologia junghiana) possiamo dire che si viene invasati dalla rabbia come se questa fosse un'entità, una 'personizzazione' che aleggia da sempre nell' *anima del mondo*, e che quindi può impossessarsi dell'inconscio e della volontà degli individui. La rabbia divampa tra gli esseri umani e poiché in ogni essere umano c'è una polveriera, un deposito di armi di distruzione di massa, può accadere che una miccia si accenda e faccia saltare tutto. D'altra parte è necessario che vi sia uno sfogo, che quindi qualcosa possa esplodere, ma ciò dovrebbe poter diventare una sorta di 'motore a scoppio', nel senso di una funzionalità vitale evolutiva, piuttosto che mortale e regressiva.

Ricordiamo la rabbia di Gesù quando cacciò i mercanti dal tempio. Era una rabbia 'sacrosanta', appunto, in quanto ben diretta e ben espressa, utile, giusta, sana (in tal senso anche Aristotele riconosce alla rabbia'giusta' una funzione positiva).

Può diventare essenziale in una psicoterapia che un paziente riconosca la sua rabbia e gli venga fornita una possibilità di esprimerla anche emotivamente e in modo simbolico, arteterapeutico, bioenergetico, e quindi monitorandola entro un dialogo psicoterapeutico. Diverse forme terapeutico-espressive della rabbia possono consentire di "abreagirla" (concetto definito da Freud), cioè di farla riconoscere ed emergere dal 'rimosso', dai condizionamenti censori dell'infanzia, come dai vissuti attuali, al fine di depotenziarla e farla defluire. L'impiego della rabbia come 'forza terapeutica' può diventare risanante, giacché questa è la sua funzione naturale in senso evolutivo, ma diventa pericolosa quando la si soffoca e la si sente imporsi dentro di sé come un'energia tirannica che può divenire furente e devastante. La rabbia è come il vapore di una pentola a pressione che serve a cuocere del buon cibo, ma la pentola ha bisogno della valvola di sfogo e di determinati parametri di sicurezza, altrimenti diventa una bomba. Non è la rabbia in sé dunque che è pericolosa, essa è pericolosa quando non viene compresa ed espressa nel modo corretto e funzionale.

La metafora del vampiro sulla quale tanto insistiamo ha una sua precipua funzione nel poter esprimere una rabbia condivisa e terapeutica. Vedere il partner disturbante come se fosse un vampiro, ma attraverso una lente terapeutica che ne considera il senso metaforico è perciò un'opportunità per esprimere e condividere la rabbia e farla defluire. D'altra parte, come abbiamo più volte ribadito, questa stessa metafora narrativa evidenzia la responsabilità psicologica del vampirizzato, che si abbandona ad offrire il collo entro una tenebrosa fascinazione che tuttavia non lo esime dalle sue responsabilità psicologiche, ovvero dal dover fare i conti con il suo 'vampiro interiore'.

Dalla vendetta simbolica al perdono

Siamo quindi giunti ad un paradosso che vale la pena approfondire e praticare nella ricerca e nella clinica del trauma amoroso: la rabbia per essere curata deve essere impiegata come energia che cura. Perciò non dobbiamo condannare la rabbia e il bisogno di vendetta. Ciò va condiviso con lo psicoterapeuta e con le persone care e deve poter essere espresso seppure entro modalità simboliche. Perciò ha una sua efficacia consentire ad esempio ad un paziente di adoperare un linguaggio dispregiativo e rigettante in riferimento al partner vampirizzante. Dunque, il poter parlare dell'altro come di un 'vampiro/a', in un dialogo terapeutico, offre una importante possibilità di vendetta simbolica ed emotiva, ed in tal senso consente una notevole elaborazione terapeutica della rabbia. Solo quando il trauma sarà superato e la rabbia e la vendetta simbolica avranno avuto la loro espressione e condivisione in un ambito terapeutico, allora sarà possibile affermarsi un senso di indifferenza e di liberazione dal 'vampiro amoroso'... solo allora sarà bene riflettere sul passo successivo consistente nel perdono inteso come compassionevole comprensione che quel vampiro/a era una persona disturbata, e che quindi ha già ricevuto la sua punizione. Non tutti riescono ad arrivare ad un pieno perdono, ad ogni modo quanto più ciò diventa possibile tanto più l'esperienza negativa della vampirizzazione amorosa si trasforma in una forza personale, relazionale e spirituale, volta alla gioia, alla libertà e all'amore.

Consigli

1)   Comprendi che chi ti esorta a perdonare non lo fa perché considera il partner innocente e incolpevole, ma solo per aiutarti a liberarti dalla rabbia che ti lega a lui/lei. Tuttavia non sforzarti di perdonare se non sei pronto. Anzi è importante che tu trovi sostegno in chi comprende la tua rabbia e il tuo bisogno di vendetta. Inoltre qualsiasi rivincita, anche che abbia il gusto della vendetta, deve essere pensata ed eventualmente realizzata quando ti sentirai più forte e sereno, senza mai rischiare di infrangere la legge e correre pericoli per te stesso e per nessuno. Deve trattarsi di una soddisfazione sul piano simbolico, di uno smacco che nel modo e nel tempo giusti – e nella legalità - restituirà al vampiro/a pan per focaccia... Ciò solo se ne sentirai ancora davvero bisogno ... poi più avanti verrà l'indifferenza ed eventualmente anche il perdono.

2) Ricordati che nelle vicende amorose la vita è giustiziera! Chi ha ferito gravemente il cuore di un'altra persona al fine si metterà con le sue stesse mani in situazioni che lo puniranno a dovere. La vera vendetta non è in primis il perdono, ma ritornare a stare bene e a vivere con amore per se stessi e gli altri.

3) Considerate a fondo lo straordinario significato non solo spirituale, ma anche psicologico della frase del *Padre Nostro* che recita: "Rimetti i nostri debiti come noi li rimettiamo ai nostri debitori..." ciò vuol dire che quanto più ci liberiamo dal rancore e dal bisogno di vendetta tanto più diventiamo liberi e padroni di noi stessi. Le energie che venivano vampirizzate e che rischiano di dissiparsi ulteriormente nella rabbia e nella rivendicatività diventeranno nuove risorse per vivere secondo i tuoi desideri più belli ed autentici.

XIII. IL VAMPIRISMO AMOROSO E IL CORPO

Benessere e salute

Quello che succede nella mente ha un suo corrispettivo nel corpo, e viceversa. Le emozioni, negative o positive, sono un fenomeno psicocorporeo. Tutta la vita amorosa si basa su fenomeni psicocorporei i quali sono centrati sul cuore, sia nel senso poetico e sia nel senso corporeo. Molti studi psicofisiologici e bioenergetici hanno dimostrato che il cuore non è soltanto l'organo simbolico dell'amore, ma che è realmente coinvolto nei sentimenti. La bioenergetica, ideata da A. Lowen, ha indagato le sensazioni che fanno percepire il proprio cuore e la cassa toracica come in espansione quando si ama fiduciosamente, e in contrazione quando questo amore viene deluso e ferito. Ci sono persone che più di altre provano una reale stretta al cuore e una chiusura del petto, ma questo fenomeno è così diffuso che nel linguaggio comune e in diverse lingue si parla di *broken heart*.

Lowen in un suo libro (*Amore, sesso e cuore*, 1988) fa osservare come nella delusione amorosa si crei una sorta di blocco energetico nel basso ventre e nel petto: dalla vita in giù e dalla gola in su; per cui verso il basso viene ostacolata l'energia sessuale della zona genitale e verso l' alto viene alterata la connessione con l'energia psichica affettiva. In tal modo sessualità istintuale e affettività si chiudono, rispettivamente nella zona pelvica e nella gola, così che la cassa toracica diviene una specie di sarcofago che opprime il cuore. Ciò non vuol dire che il mal d'amore debba poi procurare veramente un disturbo cardiaco, ma tali 'contratture bioenergetiche' determinano che, per quanti sforzi mentali si facciano, il malessere psichico genera disfunzionalità corporee, le quali a loro volta fanno aumentare le disfunzionalità psichiche, con ulteriore senso di sofferenza psicocorporea. Dunque, per guarire da un trauma amoroso più in fretta e nel modo migliore bisogna lavorare anche alla salute corporea e alle sue espressioni, secondo il famoso detto '*mens sana in corpore sano*' che nei traumi amorosi è particolarmente vera, non solo rispetto al cuore, ma per l'equilibrio dell'intero organismo.

Un altro organo bersaglio in caso di sofferenza psichica dovuta ad alto stress emotivo è il fegato, quindi vi possono essere disfunzionalità epatiche e delle vie biliari. Anche queste condizioni corporee vanno ovviamente diagnosticate dal medico, ma qui le segnaliamo solo per mettere in evidenza l'importanza di controllare la propria salute fisica in caso di forte stress psichico.

Sin dall'antichità le espressioni *fare sangue marcio*, o *avvelenarsi il fegato*, indicavano una correlazione tra stress, dolore psichico e disfunzioni epatiche e delle vie biliari. In termini estremamente semplici, che non vogliono banalizzare quelle che sono conoscenze mediche del corpo altamente specialistiche, possiamo spiegare certe disfunzionalità da fattori psicogeni attraverso un ciclo disequilibrato che parte dal surrene. Questa è una ghiandola che secerne cortisolo, vale a dire il nostro antinfiammatorio naturale interno. Poiché in caso di stress cronico l'organismo tende a contrarsi a livello muscolo-scheletrico, provocando talvolta anche dolenzie posturali e acuendo problematiche pregresse (quali ad esempio cervicalgie e altri dolori articolari) il surrene tende a produrre cortisolo in eccesso al fine di lenire ciò che considera un'infiammazione. Tuttavia ciò finisce con il generare una sorta di autointossicazione alla quale il fegato deve fare fronte, essendo l'organo preposto a metabolizzare e a 'filtrare' le sostanze nocive, ancorché prodotte dal proprio corpo. Il cortisolo in eccesso ha infatti effetti collaterali che possiamo considerare come autointossicanti. Questo processo genera dunque un affaticamento del fegato, che può anche non rivelarsi sintomatologico, ma che finisce con il determinare una sorta di calo energetico, che viene percepito anche psichicamente. L'abbattimento fisico, che peraltro è provocato anche da una stato di prostrazione dovuto spesso all'insonnia e ad altre condotte psicofisiche disfunzionali (vedi Capitoli VII e X) va a condizionare lo stato d'animo e ad accentuare la sofferenza psichica. In buona sostanza si crea un circolo vizioso tra sofferenza psichica e disfunzionalità corporee ove l'una tende a rinforzare l'altra.

ATTENZIONE: non è assolutamente detto che le sintomatologie qui accennate debbano davvero verificarsi, e non è assolutamente detto che se si verificassero dipendono da una trauma amoroso. Il parere del medico è l'unico che conta. [9]

Vediamo poi che i traumi amorosi spesso influenzano anche il metabolismo, le funzioni digestive e inducono a condotte alimentari 'sbagliate' per cui si tende a forti dimagrimenti o al contrario ad ingrassare, o ad avere problematiche gastrointestinali.

Ma a questo punto basta così! Lasciamo che di queste cose ci parli il medico. Qui però le dobbiamo almeno ricordarle per esortare con decisione ad avere particolare cura della propria salute fisica in caso di una traumatica sofferenza amorosa.

Per quanto attiene a ciò che si può fare da soli è evidente che ci riferiamo alla messa a punto di uno stile di vita più sano. Più specificamente ricordiamo che sono fondamentali sono tutte le tecniche di respirazione e rilassamento, dalla meditazione al training autogeno, che servono a staccare il sistema neurovegetativo da pensieri ed emozioni disturbanti, così ché l'organismo possa meglio mettere in atto processi autoriparatori e quantomeno non venga costantemente aggredito dalle problematiche mentali.

Importantissima è poi l'alimentazione che deve essere nutritiva e leggera, in modo da non appesantire il fegato e i processi digestivi (su ciò bisogna farsi consigliare dal medico o da un nutrizionista, ma si può anche tenere conto della saggezza di persone esperte che sanno cosa vuol dire mangiare sano ed in modo facilmente digeribile).

Ricordiamo poi l'importanza dell'attività fisica, a seconda delle possibilità di ciascuno, senza forzare, ma comunque volta al 'sentirsi in forma'. Pochi esercizi, fatti bene, e in modo continuativo - cioè secondo una tabella di allenamento personalizzata, in palestra o anche a

---

[9] ATTENZIONE: non è assolutamente detto che le sintomatologie qui accennate debbano davvero verificarsi, e non è assolutamente detto che se si verificassero dipendono da una trauma amoroso. Il parere del medico è l'unico che conta.

casa - come conferma tanta letteratura scientifica, hanno la capacità di produrre nel nostro corpo straordinarie sostanze antidepressive e antidolorifiche. Anche a riguardo degli esercizi adatti alla propria condizione fisica è fondamentale chiedere consiglio ad esperti.

Possibilmente è assai utile lavorare su se stessi, con l'aiuto di un terapeuta, con tecniche bioenergetiche e di altro tipo ("a mediazione corporea") per sbloccare i condizionamenti emotivi che si manifestano in una disfunzionale connessione corpo-mente. Così possono essere di grande aiuto anche attività creative come la danza, ma purché la si percepisca come attività piacevole, non stressante e costrittiva. E' altresì consigliabile un contatto con la salubrità della natura, quindi fare passeggiate e attività all'aperto, come curare il giardino o l'orto.

Dunque, come abbiamo detto avere cura di un proprio equilibrio psicofisico parte da se stessi relativamente ad un progetto per uno stile di vita più sano e riarmonizzante.

Non si tratta di banalità, ma di una cura di sé che pur impostandosi su dei precetti essenziali e in fondo semplici, dà importanti benefici sul piano dell'autostima e della risoluzione dei traumi amorosi. La psiche percepisce concretamente che la persona traumatizzata inizia a volersi bene e quindi essa stessa aiuta a ritornare alla vitalità.

Estetica e immagine di sé

Ora soffermiamoci a questioni che riguardano gli aspetti estetici del corpo e la percezione che si ha di esso. Quando si sta vivendo un trauma amoroso si tende a trascurare l'aspetto del proprio corpo, o al contrario, in alcune circostanze si fa di tutto per apparire nella condizione migliore possibile. Quindi o ci si trascura molto o si tende al perfezionismo del *look*. Per quanto ci si radicalizzi su questa seconda possibilità non si è mai soddisfatti della propria immagine. Si teme di essere stati respinti e maltrattati perché qualcosa del proprio corpo non piaceva al partner vampirizzante. In effetti si è stati spesso sottoposti a giudizi denigratori, espliciti, impliciti, talvolta in forma sarcastica e strisciante, oppure ad umilianti confronti con altre persone. Si acquisisce la convinzione di avere davvero difetti detestabili e quando ci si guarda allo specchio capita di doversi controllare con apprensione. Anche il minimo inestetismo, o ciò che prima non appariva importante, come una ruga, o una qualche specifica irregolarità del viso o del corpo, viene percepita in modo esagerato e allarmante, fino alla "dismorfofobia" (un disturbo per cui si giunge a percepire e ad esagerare difetti di sé anche dove sono lievi o non ci sono affatto, per cui ci si tormenta rispetto ad una distorta visione della propria immagine).

Come si vede anche in questo senso, la ferita narcisistica che aveva predisposto ad un attaccamento disturbato con un partner vampirizzante, si dilania ulteriormente; il trauma spinge a far crescere il non amore e il rifiuto per se stessi.

Quindi avere un'idea sugli effetti negativi che il trauma amoroso può generare nella percezione della propria immagine, deve servire a comprendere come organizzare le contromisure e a reagire. E' fondamentale perciò anche recuperare una piacevolezza dell'immagine di sé nel vestire e nelle cure estetiche. Però bisogna comprendere che ciò sarà davvero possibile, non solo e non tanto per una cura della propria immagine esterna, ma quando si inizierà a percepire una serenità interna. A mano a mano che si comprende che la cura della propria immagine è parallela ad una cura dell'anima, si incomincia ad uscire dal trauma da vampirizzazione.

A tal fine è anche importante capire che non è vero che si è stati maltrattati per un qualche problema di inestetismo o relativo alla piacevolezza o alla tipologia fisica. I partner con disturbi della sfera affettiva e tendenti alla vampirizzazione una volta individuata la vostra ferita narcisistica anche dal punto di vista dell'immagine corporea, si accaniranno sempre più nel dilaniarla per meglio riuscire ad indebolirvi e determinare quel gioco di potere manipolatorio di cui ormai ben sappiamo. Eppure questi partner in un primo periodo, o in alcune fasi, hanno apprezzato il vostro aspetto, e, per quanto possano essere risultati prodighi o avari nella sessualità, sanno bene che siete stati eroticamente appetibili. Il punto è che devono ferire la vostra ferita, così una volta che entrano nella fase distruttiva e vampirizzante iniziano a svalutarvi anche rispetto alla vostra immagine, nella sensualità e nell'apparire.

Ma una relazione amorosa normale non è mai dipendente dall'aspetto fisico, essa nel bene e nel male è governata da questioni psicologiche interiori che determinano l'attaccamento tra i partner. Si badi bene che si sta parlando di innamoramento, non di attrazione. Una persona che ha un bell'aspetto risulta più attraente, ma a livello amoroso può avere gli stessi problemi di una persona meno attraente.

Quando l'innamoramento avviene prevalentemente per un'attrazione esteriore, non è l'esteriorità che lo ha provocato, bensì una modalità psichica che condiziona ad innamorarsi dell'esteriorità, e che non consente di comprendere che si tratta solo di attrazione. In questi casi si vengono spesso a creare dinamiche narcisistiche e rapporti infelici, in quanto l'innamoramento invece di fondarsi su un nucleo interiore e di anima, resta soggiogato dalla seduttività esteriore.

Consigli

1)   Fai il possibile per riuscire a progettare un training fisico basato su due registri: a) rilassamento/respirazione b) sentirsi in forma, con esercizi e tecniche adatte al tuo fisico e alla tua organizzazione di vita. Adotta una buona alimentazione, evitando tutto ciò che può sovraffaticare la digestione.

2) Cerca di dormire tutte le volte che ne senti il bisogno, e cioè quando ti è possibile anche di giorno (anche per recuperare eventuali insonnie notturne).

3) Concediti per come ti è possibile un po' di rinnovo del guardaroba e più attenzione per il tuo look. Ma ricordati che il tuo aspetto esteriore verrà percepito più bello da te stesso e dagli altri quanto più ritroverai la tua bellezza interiore. Possiamo addirittura dire che i lineamenti e il corpo veramente ritrovano una loro bellezza in seguito alla liberazione dal vampiro amoroso.

4) Per eventuali dubbi sulle condizioni di salute, e comunque in caso di un forte stato traumatico, è sempre importante andare dal dottore e mettere in atto tutti i consigli degli specialisti per preservare il proprio equilibrio energetico.

XIV. GUARIRE l'ANIMA NELLA SOCIALITA' E NELLA VITA QUOTIDIANA

Quando si è traumatizzati nella sfera affettiva il mondo non ha più senso: i luoghi, i valori, le attività lavorative, di studio e del tempo libero si coprono di una coltre oscura.

Ci si trascina a fare ciò che appare indispensabile, oppure al contrario si progettano attività speciali e ci si sforza in tutti modi di perseguirle. Detto ciò vediamo di fare un po' d'ordine ed analizzare cosa accade nella vita sociale e relazionale nei seguenti ambiti 1) famiglia 2) amicizie 3) lavoro e studio 4) tempo libero 5) vita quotidiana.

1) Famiglia

A mano a mano che si scopre di ritrovarsi a vivere una relazione amorosa vampirizzante e che non si riesce a farne a meno, anche le relazioni con la propria famiglia d'origine tendono a degenerare. Se vi sono incomprensioni e tensioni pregresse queste si acuiranno in quanto la famiglia difficilmente riesce a comprendere la situazione. Il tentativo di rifugiarsi nella famiglia d'origine viene spesso frustrato, sia perché si è in una condizione di trauma e quindi non si riesce a comprendere le esigenze degli altri e sia perché spesso i membri della famiglia tendono a colpevolizzare la 'vittima' o a dare consigli *tranchant*, ovvero: 'taglia', 'sei tu che devi decidere di farla finita', o peggio 'te l'avevamo detto che stavi sbagliando tutto', e così via…

Insomma nella condizione di trauma amorosa si avvertono ancor di più le dinamiche famigliari problematiche e questo fa sentire ancora più soli e indifesi. Ma può anche capitare che un membro della famiglia con il quale precedentemente c'era una relazione superficiale o ambivalente si riveli in un modo nuovo, soccorrevole e comprensivo.

Purtroppo c'è anche chi una famiglia d'origine non ce l'ha, oppure essa è costituita solo da pochi parenti e a volte lontani. In questi casi può essere ancora più difficile rinunciare all'attaccamento disturbato con il partner disturbante (sebbene anche nel caso di una famiglia molto disturbante si è più condizionati nel non rinunciare a legami amorosi negativi). Fortunatamente la famiglia non è la sola struttura affettiva di riferimento laddove sono stati coltivati rapporti d'amicizia profondi e sinceri.

Il superamento del Trauma amoroso comporterà una ristrutturazioni delle relazioni parentali in senso migliorativo, e si potrà quindi esperire quanto l'incastro amoroso disturbante con il partner possa essere stato condizionato da dinamiche famigliari a loro volta difficili e disturbanti.

2) Amicizia

Quando si è traumatizzati nei sentimenti appoggiarsi agli 'amici del cuore' è una questione vitale. Tuttavia per tale ragione si rischia di aggrapparsi alle persone amiche in modo molto pesante, come una persona che sente di annegare e che per salvarsi disperatamente rischia di far annegare anche il suo salvatore. Inoltre anche le amicizie più vere e soccorrevoli hanno bisogno di percepire che la loro presenza e comprensione comporta veramente un aiuto. Bisogna cioè non solo esprimere gratitudine, ma dare segno che l'aiuto ricevuto ha suoi effettivi risultati positivi. Se questo non avviene l'amico/a si sente frustrato e, pur non volendo, tenderà a sottrarsi o a manifestare nervosismo e disappunto. Da ciò si genera un'ulteriore senso di abbandono e di isolamento. Quindi bisogna avere davvero cura degli amici che si prendono cura di noi quando siamo feriti in amore…

Nello stato di profonda e traumatica delusione amorosa il senso dell'amicizia e in generale la relazione con gli altri viene messa in discussione. Alcune amicizie che prima apparivano importanti decadono e ciò comporta ulteriori delusioni. Se ciò avviene non è da considerarsi completamente come un male, è il segno che si trattava di amicizie superficiali o insincere. Ma la cosa più bella e auspicabile è che proprio la messa in discussione delle amicizie e lo stato di particolare crisi e sensibilità in cui ci si trova, può portare alla conoscenza di nuove amicizie. Tra queste potrà esserci un'amicizia, o magari più di una, che diventerà veramente importante e duratura. Le vere amicizie non solo si verificano nel momento del bisogno ma anche nascono in tale momento, proprio perché il senso ultimo dell'amicizia è quello di accompagnarsi e di condividere solidarietà ed esperienze anche nei momenti più difficili.

Una nota particolare, nel bene e nel male va fatta sulle amicizie e gli incontri attraverso i social network e le chat. Quando si è in una condizione di traumaticità amorosa il bisogno di relazionarsi è particolarmente motivato dalla speranza di incontrare un nuovo amore, perché esso sembra rappresentare la sola forza capace di annientare il dolore. Ma se prima non si coltiva un buon rapporto con se stessi e si ripristinano le relazioni a livello dell'amicizia, difficilmente si riesce a incontrare una persona con cui iniziare una nuova relazione amorosa. In effetti non è tanto il bisogno di un nuovo amore che spinge a 'guardarsi intorno' e spesso ad utilizzare chat di incontri a tal fine, ma l'idea errata che solo attraverso un nuovo incontro romantico o anche solo erotico il dolore della traumaticità amorosa possa diminuire. Con ciò si forzano le cose e si rimediano incontri che sono quasi sempre delusivi e sbagliati. Bisogna allora capire che in realtà si è in una fase ove si ha più bisogno di amicizie che non di relazioni sessuali o amorose. Social network e chat dovrebbero quindi essere impiegati soprattutto con l'intento di fare la conoscenza di persone simpatiche e intellettualmente piacevoli, al fine di condividere idee, informazioni, curiosità, interessi. Può allora anche capitare che l'amicizia si trasformi spontaneamente in complicità e che si 'erotizzi', ma non dovrebbe essere questo l'obiettivo primario della ricerca di nuovi incontri. Quando si sta veramente male per delusioni e traumaticità amorose può essere veramente frustrante la ricerca di partner attraverso chat più o meno specializzate. Queste possono anche essere divertenti, ma sono sconsigliabili per chi si trova in una condizione di traumaticità amorosa acuta. Meglio veramente orientarsi sulla ricerca di nuove amicizie, ed in tal senso i social network sono di aiuto, soprattutto quando attraverso di essi si hanno informazioni relative ad eventi che invitano ad abbandonare i computer, uscire ed incontrasi dal vivo. Mostre, conferenze, dibattiti, spettacoli ed ogni occasione di incontro che spesso si vengono a conoscere solo attraverso i *social network* va considerata come una opportunità per tutti, ma in modo particolare per chi vuole superare un trauma amoroso con un programma di auto-aiuto comprendente anche l'ampliamento delle amicizie e degli interessi nel sociale.

3) Lavoro e studio

Lo stato di traumaticità della vita amorosa provoca un calo di rendimento nelle attività lavorative e di studio, e ciò può arrivare ad un punto veramente rovinoso, per cui si perde il lavoro o si interrompono gli studi.

Bisogna fare in modo che la traumatizzazione venga per così dire circoscritta entro un cordone psicosanitario che la limita all'area dell'affettività. Non bisogna permettere che venga 'infettata' la propria vita produttiva, creativa e di studio. Ovviamente non si può nemmeno pretendere di risultare pienamente efficienti e bisogna quindi fare una ponderata valutazione per garantirsi momenti e periodi di riposo e di distacco da attività produttive e di studio, in modo da poter meglio recuperare in una fase successiva.

Ci sono persone che hanno l'opportunità e la forza di reagire 'buttandosi nel lavoro o nello studio' anche al fine di essere costretti a pensare 'ad altro'. Questo però non sempre dipende dalla propria volontà, ma soprattutto dalle opportunità che si aprono intorno a sé. Bisogna allora tenere aperti gli occhi per 'guardarsi intorno' al fine di capire se è possibile migliorare la propria condizione lavorativa e la propria qualificazione.

Non tutti possono considerare di difendere o di migliorare le proprie attività di lavoro e studio, si pensi ad esempio ad una donna che si ritrova a fare una vita da casalinga e che vive in uno stato di traumaticità a causa di un marito che si è rivelato disturbante e vampirizzante. E' importante che questa donna venga aiutata ad uscire dalle mura domestiche e si qualifichi per un 'attività lavorativa che le consente di rendersi autonoma e le apra nuove possibilità di relazione sociale.

Laddove non è il reddito il problema principale, in quanto si ha la fortuna di potersela cavare anche con una piccola rendita o aiuto che deriva dalla famiglia, è bene comunque impegnarsi per qualificarsi a livello di studio o per fare lavori filantropici e di volontariato. E' importante insomma che al trauma amoroso si risponda nel senso di mantenere una buona autostima rispetto alla vita sociale. Non si tratta solo di lavorare e produrre, ma anche di partecipare ad iniziative culturali, sociali, politiche, spirituali attraverso le quali venga favorito lo scambio umano, la socializzazione e l'autostima.

4) Tempo libero

Il tempo libero da dedicarsi ad attività di svago o anche di interesse (sport, *hobbies*, *night life*, turismo...) è paradossalmente un'area che può acutizzare il trauma amoroso. Proprio quando dovrebbe essere più facile sentirsi felici e spensierati si scopre ancor di più che ciò non è possibile a causa della propria sofferenza interiore. Spesso nei luoghi del divertimento che si tenta comunque di frequentare nella speranza di distrarsi si deve fare uno sforzo per mantenere una maschera dalla quale non trapeli il proprio dolore. Inoltre vedere che intorno il mondo si diverte e sorride, le coppie sono felici, la gente gioca e danza, può far cadere in una frustrante desolazione, così che poi ci si pente di aver tentato di divertirsi e si tende a ritirarsi nella propria solitudine. In tal senso una festa invece di essere un'occasione di divertimento fa rinfocolare il dolore. Ma ciò dipende anche dalla possibilità di lasciarsi accompagnare da persone veramente amiche o dalla fortuna di incontrare una nuova amicizia. In ogni caso non si deve fare l'errore di credere che buttandosi tra la gente e in climi festosi le cose migliorino, ma di converso non ci si deve rinchiudere in se stessi. La massima 'nel mezzo sta la virtù' esprime in questi casi il giusto equilibrio tra apertura (stare con gli altri) e chiusura (stare con se stessi).

Viaggiare ad alcuni appare come una soluzione per 'dimenticare'. Purtroppo ciò non sempre funziona. Infatti non è una buona cosa allontanarsi troppo e per troppo tempo dai luoghi abituali e conosciuti. Meglio piccole vacanze in luoghi vicini, piuttosto che andare agli antipodi per mesi e mesi... almeno fino a quando non si sia raggiunto un buon livello (anche se non totale) di detraumatizzazione.

La visita delle grandi metropoli può dare un senso di smarrimento e di clandestinità. D'altro canto la permanenza in luoghi ove primeggia la natura, come villaggi, paesini, casolari sperduti, sebbene favorisca la quiete può portare ad un senso di melanconica e nostalgica solitudine. Anche in questo caso ovviamente le amicizie fanno la differenza, in quanto un viaggio e l'ambiente viene percepito in modo assai diverso a seconda se si è soli o in compagnia. In ogni caso va osservato che per distrarsi è bene considerare sia stimoli culturali derivati dalla visita di nuove città e sia la permanenza nella natura e, che se si è soli, può essere rischioso recarsi in luoghi troppo lontani e per troppo tempo.

Nel caso si abbiano difficoltà economiche e si sia soli è bene considerare la possibilità di fare visita ad amici o parenti residenti in località diverse dalla propria e che possano dare ospitalità. Insomma cambiare aria e progettare nel modo migliore il proprio tempo libero, senza pretendere di fare troppo e quindi anche semplicemente per potersi riposare, è un aspetto assai importante in una condotta autoterapica per la guarigione dei traumi amorosi.

5) Vita quotidiana

Purtroppo quando la vita amorosa è condizionata da dinamiche negative e traumatizzanti la vita quotidiana assume un assoluto grigiore. Ansia e depressione sembrano farla da padrone rispetto alla routine di tutti i giorni. Andare a fare la spesa, andare a lavorare, sistemare la casa e così tutte le cose più semplici appaiono incolori e dolorosamente noiose. Eppure bisogna invece comprendere che proprio la vita quotidiana se è presa nel modo giusto può consentire importanti passi avanti in una condotta di autoguarigione. Bisogna rivalutare le attività di routine e comprendere le possibilità che offrono per stare meglio con se stessi e con gli altri. Bisogna capire che riorganizzando la propria vita quotidiana in senso autoterapeutico che si riequilibrano importanti energie di guarigione. Ogni giorno sarebbe bene fare un qualche esercizio per il corpo e per lo spirito: qualche esercizio fisico, qualche pratica di meditazione o di creatività, che abbia una sua apertura anche in senso spirituale (vedi il Capitolo successivo). E' possibile dedicare un po' di tempo a letture che aprono la mente, o ascoltare musica che accarezza l'anima, guardare film capaci di trasmettere un messaggio umanamente più profondo, mettere in ordina la casa, la propria stanza, il proprio guardaroba o acquistare un fiore o una pianta per sé. Ma anche fare le cose più semplici può essere occasione di cimentarsi in senso autoterapeutico. Allora si andrà a fare la spesa cercando di acquistare cose sane e si avrà sempre cura di socializzare con un saluto o un sorriso. Quando si incontrerà un commesso o una commessa alla cassa di un supermercato ci si comporterà con gentilezza, senza quella distanza impersonale che li fa apparire come robot. Si incomincerà a capire il valore della gentilezza verso il prossimo in generale, se si è nel traffico in macchina, su un autobus, o in fila per ritirare una raccomandata alle poste. E' molto importante sentirsi solidali, pro sociali, capaci di attenzione per gli altri, e in una misura appropriata anche verso gli sconosciuti. Ciò fa aumentare la propria autostima, il senso di essere capace di dare, nelle piccole cose, in quelle 'medie' e in quelle grandi... A volte non si tratta tanto di compiere buone azioni da *boy scout* come 'accompagnare la vecchina che attraversa la strada', ma anche di sviluppare un pensiero empatico verso il prossimo, perciò non si rimane indifferenti di fronte alle difficoltà degli altri, e non ci si auto commisera come se si fosse la persona più derelitta del mondo. Anche gli altri soffrono e quando nonostante la propria sofferenza ci si scopre capaci di dare aiuto, piuttosto che di chiederlo soltanto, si percepisce un riscatto interiore e la propria disponibilità a tornare ad amare e ad essere amati si rinforza. Tutto ciò è tanto più possibile quanto più si comprende che dipende da una nuova considerazione della vita quotidiana, al di là ed oltre le cose speciali che pure sono importanti, giorno per giorno, tutti i giorni... essere nell'amore di sé e degli altri.

Consigli

1) Per trovare un buon equilibrio tra lo stare con se stessi e con gli altri, riposarti o divertirsi, fai conto che dentro di te c'è un bambino disperato e arrabbiato che non sa cosa vuole… e allora fai il suo genitore che cerca di sintonizzarsi sulle sue esigenze e poi decide per il suo meglio.

2) Ricordati che i traumi amorosi a diverso livello e con diverse modalità colpiscono moltissime persone, probabilmente la maggioranza nel corso della loro vita. Perciò facilmente troverai informazioni e forum su internet dove le persone condividono testimonianze e messaggi in uno spirito di solidarietà ed auto-aiuto. Anche questo è un modo autoterapico per socializzare, aiutando se stessi ed altri.

3) Evita delusioni dovute al cercare troppo in fretta un nuovo partner o un'avventura come rimedio del trauma amoroso, soprattutto attraverso l'uso eccessivo di chat e social network. Usa questi strumenti soprattutto per cercare nuove amicizie e partecipare ad eventi.

4) Quanto più riuscirai a mettere un po' d'amore nelle cose della vita di tutti i giorni tanto più si riarmonizzerà l'energia per fare le cose più importanti e speciali.

5) Provare ad esprimere gentilezza ed empatia verso persone che incontri solo per motivi pratici, come quando si va a fare la spesa, si va alle poste, in banca o al bar, ecc. aiuta a stare meglio con se stessi. Considera ciò come un esercizio della quotidianità, ma bada bene, non è facile perché molte persone sono refrattarie o incapaci di contraccambiare. Ma devi sapere che non è questo che conta, ciò che conta è che tu senti di essere in grado di dare, è che è di ciò che hai bisogno, più ancora che ricevere.

XV. LA CURA SPIRITUALE

Spiritualità in senso psicoterapeutico

In quest'ultimo capitolo ci accingiamo a sfiorare un tema immenso: quello del senso psicologico della spiritualità. Perciò l'intenzione non è quella di proporre una riflessione metafisica o religiosa, ma di considerare la spiritualità da un punto di vista estremamente intimo e soggettivo, a prescindere da un proprio credo, così come da un proprio ateismo. Sta di fatto che per quanto non tutti lo dichiarino o ne siano consapevoli, ciascuno a prescindere dalla fede e dalle proprie idee, ha nel fondo del suo animo una qualche relazione psichica con il 'non conoscibile', con i grandi temi che caratterizzano la complessità e il mistero della vita, della morte e dell'essere umano nell'immenso universo.

Secondo Jung, al quale prevalentemente ci riferiamo, il Sé è quell'archetipo centrale della psiche la cui funzione prevalente consente di esperire positivamente e negativamente la dimensione spirituale.

Il Sé, come ha spiegato Jung, non coincide con l'Io, (ego), ed intorno ad esso si costellano le altre aree archetipiche della psiche, generando una configurazione soggettiva tra noi stessi e la totalità, e ciò che viene presentito come alterità o ignoto. In tal senso possiamo considerare il Sé come l'organo psichico della spiritualità. Quando il Sé è sottoposto al tormento di un trauma amoroso, esso si destabilizza e ne deriva una sofferenza che possiamo considerare come 'psicologicamente spirituale'.

A questo punto dobbiamo considerare che questa destabilizzazione viene provocata al Sé ad opera dell'archetipo dell'amore e del viaggio nel mondo interiore che è l'*Anima/Animus* (l'*Anima* ha una natura femminile nell'uomo, e l'*Animus* ha una natura maschile nella donna, ma il riferimento per entrambi è comunque l'Anima).

Anima/Animus nel tormento amoroso oscurano il Sé in quanto lo sovrastano con l'archetipo dell'Ombra, e cioè quella parte della psiche

128

che nel momento in cui si espande e prende il sopravvento si rivela in tutta la sua portata contraddittoria e devastante.

Stiamo qui tentando di porgere una fulminea narrazione di grandi temi psicoarchetipici in modo semplice, ma cercando di non scadere nel semplicistico. Le forze in gioco dentro la psiche di ciascuno infatti non riguardano solo la propria storia personale, ma sono riprese nelle narrazioni millenarie dell'umanità e risalgono alla notte dei tempi, ed in tal senso sono archetipiche. La forza dell'amore spinge da sempre gli esseri umani a percepire una sorta di mondo mediano tra l'istinto e lo spirito, vale a dire il mondo di psiche, che dal greco (*psyché*) vuol dire sia anima e sia farfalla. L'innamorato sente una sorta di leggerezza volatile che lo solleva dalla terra, ma nella pulsione erotica sente anche che l'anima per quanto volga ad un cielo amoroso spirituale è nel contempo passionalmente intrisa di istinto animale. L'anima innamorata genera un ponte tra sesso e spirito. Il mito di *Eros* e *Psyché* racconta come le pene d'amore siano in una certa misura indispensabili affinché gli esseri umani possano esperire la *funzione trascendente* dell'esperienza amorosa, quale connessione tra gli esseri mortali e quelli divini. L'amore perciò ispira un senso di eternità e di trascendenza che protegge dalla caducità di ciò che è materiale, ma anche che si incarna nel piacere dei sensi.

Quando l'Anima è traumatizzata e il Sé viene avvolto in un'Ombra vampirizzante, la connessione tra istinto e spirito viene destabilizzata in modo devastante. Si determina un cataclisma che spezza la connessione tra amore terrestre e amore celeste, e questo destabilizza la forza spirituale insita nel Sé. La fine dell'amore è la morte dell'eternità che esso sottende... ma un trauma amoroso da vampirizzazione è ancor peggio in quanto genera un senso di morte per l'eternità...

In senso junghiano allora possiamo considerare che la cura di un trauma amoroso da vampirizzazione dovrebbe tendere al recupero del Sé e della sua connessione con l'eternità e l'amore infinito/universale, e ciò attraverso l'elaborazione o la riscoperta di una propria intima spiritualità sul piano simbolico e immaginale. La terapia allora consiste anche nel nutrire l'anima e il Sé con pratiche, immaginazioni, narrazioni che sappiano rivitalizzare la traumatizzata sfera spirituale dell'amore, che viene percepita come distrutta e agonizzante per l'eternità. E' fondamentale comprendere che per guarire bisogna innamorarsi dell'Amore, inteso come sorgente di forza spirituale universale e che questa forza va ricercata con umiltà, ma anche con coraggio e determinazione in ogni sua possibile manifestazione.

Questa sorgente spirituale dell'Amore non è solo nella religione, essa è anche nell'arte, nella politica, nella natura, nell'aiuto che si può dare al prossimo, e quindi nel percepire una propria missione vitale che nelle piccole come nelle grandi cose va oltre al proprio Io. Il Sé è individualistico, ma è anche altruistico, è la parte più profonda e centrale di se stessi, quella che ci permette di amare in modo non egoistico, di essere nell'amore in modo più maturo e consapevole. Il narcisismo/borderline è anche una forma di immaturità spirituale che si traduce in esaltazione egoistica di se stessi, e più in particolare dell'immagine dell'Io, relegando il Sé nell'Ombra, divenuta aggressiva e vampirizzante.

La cura del trauma amoroso, in termini archetipici, immaginali e simbolici in quanto cura dell'anima che passa attraverso il Sé, deve quindi aprirsi alla ricerca di un senso più elevato dell'amore, che trascende i confini dell'Io e trova la sua Alba in una rinascente luce, intimamente spirituale.

Consigli

1) Se hai una fede religiosa approfondiscila e ritualizzala con maggiore impegno e apertura. Nel contempo può anche darsi che tu debba mettere in discussione certi valori che hai considerato in modo troppo rigido e meccanico e che possono per tale ragione averti limitato nella possibilità di orientare più armoniosamente la tua vita amorosa.

Se sei ateo non dimenticare che comunque la tua psiche viene ispirata da valori di ordine superiore di tipo umanistico, sociale, culturale e che questi vanno rivisitati e rielaborati.

Se coltivi un tuo intimo sentimento spirituale, e quindi valori che ritieni importanti per il tuo esistere, considera che l'espandersi di queste ispirazioni è importante per la guarigione.

In ogni caso è determinante rivitalizzare tutto ciò che consideri ideale e valore superiori.

2) La ricerca del senso spirituale dell'amore non dovrebbe limitarsi ad un particolare credo religioso o ad un'ideologia. Fermo restando le proprie convinzioni è importante essere aperti ad ogni insegnamento sul senso spirituale e universale dell'amore

3) «Chiedete e vi sarà dato, cercate e troverete, bussate e vi sarà aperto. Perché chiunque chiede riceve e chi cerca trova e a chi bussa sarà aperto». Vangelo di Luca (11, 9-10) – questo per ricordarti che l'Amore celeste/spirituale è sempre disponibile, basta volerlo cercare davvero. Quando l'Amore terrestre è gravemente offeso per curarlo è essenziale incontrare un nuovo senso dell'Amore celeste.

4) Tutte le esperienze e le attività che vengono vissute con un senso di amore per gli altri e per l'umanità e l'universo hanno in sé un significato spirituale. Più proverai ad esperire questo senso spirituale dell'amore, negli ideali come nella vita di tutti i giorni e più ritornerai ad essere libero di amarti, di amare e di essere amato... .

Conclusioni, viatico, e buoni auspici

In apparenza una relazione può risultare problematica solo perché tra due partner ci sono reciproche incomprensioni e incompatibilità. Tuttavia vi sono casi che quando vengono esaminati in profondità rivelano che vi è un notevole livello di manipolazione e di violenza psicologica che un partner esercita sull'altro/a. Non si deve pensare banalmente alla pura cattiveria di un partner verso l'altro/a, ma ad una dinamica di coppia ove l'uno ha bisogno di dominare la psiche dell'altro, come per vampirizzarla, e l'altro 'offre il collo'. Si tratta di un attaccamento amoroso disturbato a causa di complessi e problematiche di personalità che investono la sfera erotico/affettiva di entrambi i partner. Il partner 'vampirizzante' è posseduto da problematiche che non è in grado di riconoscere (a carattere narcisistico e borderline) e ciò lo porta a considerare l'altro/a come un essere da tenere legato attraverso un micidiale cocktail di amore-odio, intriso di bugie, doppi giochi, svalutazioni, finta disponibilità, possessività, tradimenti. Purtroppo il partner che subisce ha un semi-inconsapevole difetto di autostima e una 'ferita narcisistica' che lo induce ad accettare ogni ambiguità e vessazione nella speranza che prima o poi le cose cambieranno, ed in tal senso si sforza di essere sempre più tollerante e disponibile. Ma ad un certo punto questa dinamica emerge in tutta la sua virulenza e diventa straziante, con rischi che per il partner 'vampirizzato' sono incalcolabili, in quanto possono destabilizzare in modo serissimo la salute mentale, quella fisica e le relazioni sociali e professionali... Ovviamente la metafora vampiro-vampirizzato serve solo a rendere più crudamente l'idea di uno stillicidio e di una collusione vittima-carnefice: entrambi legati da giochi erotico-seduttivi, rabbia, vendicatività e proiezioni inconsce disfunzionali. La psicoanalisi aiuta a comprendere come queste relazioni disturbate abbiano una loro radice in vissuti infantili di entrambi i partner che, nella vita adulta li inducono a legarsi entro micidiali dinamiche distruttive.

Per ciascun partner (vampiro o vampirizzato) è fondamentale un percorso psicoterapeutico che permetta di prendere coscienza della negatività nella quale sono entrambi caduti. Ovviamente è soprattutto il partner che subisce che va al più presto aiutato a sottrarsi da un processo di lenta e continuativa traumatizzazione, del quale paradossalmente non riesce a rinunciare (quasi fosse un drogato che pur riconoscendo quanto una droga sia tossica non può farne a meno).

Queste dinamiche di 'mobbing di coppia', riguardano in forme diverse, ma parallele, sia gli uomini e sia le donne, così come le coppie omosessuali. E' assai pericoloso e triste diffondere l'idea massimalistica che tali dinamiche disturbate vengono subite solo dalle donne, in quanto ciò distrugge ancora di più in quelle stesse donne la speranza di incontrare un uomo capace di relazione affettiva. Ciò che è vero è che sono maggiormente le donne che hanno la sensibilità e il coraggio di parlare di quanto possano essere traumatiche certe dinamiche amorose con uomini con seri problemi affettivi. Invece gli uomini preferiscono non parlarne perché considerano il trauma amoroso subito come un'umiliante perdita della loro immagine virile, culturalmente condizionata da un *machismo* che giudica vergognoso piangere ed esprimere i sentimenti feriti.

Noi psicoterapeuti ben sappiamo di quanto dolore provochino le dinamiche erotico/affettive disturbate, nelle donne, come negli uomini. Da ciò derivano estenuanti e gravi forme di violenza psicologica, che può sfociare anche in comportamenti minacciosi e atti violenti. Non basta solo un'esortazione a denunciare e a demonizzare, attraverso leggi ed etichette psichiatriche applicate in modo sommario e a volte irresponsabile. E' fondamentale invece divulgare una corretta informazione ben fondata sulla complessità psicologica delle relazioni disturbate e non solo sul sensazionalismo volto a gettare panico generalizzato e mentalità che finiscono con l'esasperare ancora di più le dinamiche amorose disturbate. Pertanto si deve auspicare che al più presto lavorino in modo più collaborativo e transdisciplinare tutte le professionalità che possono aiutare a prevenire e a curare le traumaticità della vita amorosa: psicoterapeuti con il loro differenti metodi ed orientamento, avvocati, mediatori famigliari, counselor, esperti del diritto, educatori, giornalisti, medici, sociologi e le persone che si occupano della vita spirituale.

Va però ribadito ciò che è ormai una necessità emergenziale, cioè favorire l'accesso alla psicoterapia a tutti coloro che ne hanno bisogno e diffondere una 'educazione sentimentale/sessuale' che metta in grado di riconoscere i requisiti basilari per una relazione di coppia che - per quanto rappresenti sempre una sfida con sorprese e difficoltà - deve poter essere vissuta nel segno del benessere... e dell'amore!

Questo *Manuale* di auto-aiuto è frutto di ricerche specialistiche e di una lunga esperienza clinica specialistica sulla terapia dei traumi amorosi. Un importante contributo conoscitivo si è sviluppato anche con l'accorata testimonianza e partecipazione di migliaia di persone ai forum del blog di Albedoimagination (che è tutt'oggi attivo).

Ci auguriamo, con umiltà e speranza, che questo *Manuale* possa portare ancora luce, affinché l'Alba sopraggiunga al più presto nel cuore di tante persone sofferenti nelle tenebre vampirizzanti della vita amorosa.

Un ultimo consiglio: credere sempre nel senso superiore dell'Amore (quello con la A maiuscola) – che è insieme terrestre e celeste - perché in esso è la rivoluzione, la bellezza e la medicina.

Nota sull'autore:

Pier Pietro Brunelli Psicologo-Psicoterapeuta ha pubblicato con diversi editori testi di cultura psicologica, sociale ed artistica (Allemandi, Bulzoni, Carocci, Feltrinelli, Ikon, Lithos, Moretti & Vitali, e altri…).

Dirige il blog www.albedoimagination.com assai ricco di articoli e informazioni, con la possibilità per tutti di partecipare ai forum, scambiando idee e testimonianze.

In quanto psicoterapeuta ha una specifica esperienza nella diagnosi e nella cura dei Traumi amorosi (come conferma una notevole *web reputation* accompagnata da molti suoi testi disponibili on line).

Il libro dell'autore che precede e completa il presente *Manuale* è: *Trauma da narcisismo nelle relazioni di coppia* (2011, Lulu/Albedo).

Libro disponibile on line con spedizione a domicilio:
http://www.lulu.com/shop/pier-pietro-brunelli/trauma-da-narcisismo-nelle-relazioni-di-coppia/paperback/product-16171248.html